Wenn Lebenspläne sich nicht erfüllen …
Abschied – Trauer – Neubeginn

AF557404

Die Abbildung auf dem Buchumschlag zeigt eine Patchwork-Decke, die im Rahmen eines von der Autorin geleiteten Trauerseminars entstanden ist. Alle Teilnehmerinnen und Teilnehmer und auch die Autorin gestalteten einzelne Quadrate im Format 10x10 cm mit Seidenmalfarben. Zum Schluss des Seminars wurden alle Quadrate zu einer Decke zusammengefügt und dabei mit Watteflies unterlegt. Die einzelnen Elemente wurden danach abgesteppt und mit einem orangenen Seidenstoff umrandet.
Renata Bauer-Mehren erhielt diese Decke als Geschenk für ihre Arbeit.
Hier im Buch sind Details der Decke abgebildet, die zeigen, wie vielfältig und bunt Trauer sein kann. Alle Fotos: Alexandra Hessler

Renata Bauer-Mehren

Wenn Lebenspläne sich nicht erfüllen …
Abschied – Trauer – Neubeginn

Ein praktischer Leitfaden,
ausgehend von einer persönlichen Geschichte

Waxmann 2020
Münster • New York

Bibliografische Informationen der Deutschen Nationalbibliothek
Die Deutsche Nationalbibliothek verzeichnet diese Publikation in der Deutschen Nationalbibliografie; detaillierte bibliografische Daten sind im Internet über http://dnb.dnb.de abrufbar.

Print-ISBN 978-3-8309-1532-4
E-Book-ISBN 978-3-8309-6532-9

© Waxmann Verlag GmbH, Münster 2020
www.waxmann.com
info@waxmann.com

Redaktion und Lektorat: Dr. Alexandra Hessler, Benediktbeuren
Umschlaggestaltung: Anne Breitenbach, Münster
Titelbild: Patchworkdecke, Foto: Dr. Alexandra Hessler
Satz: Roger Stoddart, Münster
Druck: Hubert & Co., Göttingen

Gedruckt auf alterungsbeständigem Papier,
säurefrei gemäß ISO 9706

Printed in Germany
Alle Rechte vorbehalten. Nachdruck, auch auszugsweise, verboten. Kein Teil dieses Werkes darf ohne schriftliche Genehmigung des Verlages in irgendeiner Form reproduziert oder unter Verwendung elektronischer Systeme verarbeitet, vervielfältigt oder verbreitet werden.

Inhalt

Teil 2: Leitfaden für Leidfragen

Teil 3: Fazit: Abschied von der Machbarkeit

Vorwort

„Take arms against the sea of troubles"
– William Shakespeare, Hamlet

Liebe Leserin, lieber Leser,
als ich die Arbeit an diesem Buch begann, lag der Tod meines Mannes genau 25 Jahre zurück, ein Vierteljahrhundert. Ich wollte meine Geschichte nicht nur aufschreiben, um damit zu zeigen, wie man gute Trauerarbeit leisten kann, sondern auch, um zu sagen, wie wichtig eine Auseinandersetzung damit ist, dass Lebenspläne sich nicht erfüllen. Und wie wichtig es ist zu begreifen, dass nicht immer alles machbar ist, so wie wir es uns vorstellen oder erwarten.

Nun, da die Arbeit an diesem Buch zu einem Ende kommt, sind wir aufgrund der Corona-Pandemie weltweit noch stärker mit dem Tod konfrontiert. Der Titel des Buches stand schon lange vor dem Ausbruch der Pandemie fest, bekommt angesichts der aktuellen Ereignisse aber eine tiefere Bedeutung: Den Tod zu verhindern, ist selbst für alle Regierungen und Mächtigen der Welt nicht machbar. Schmerzlich wird uns Menschen jeden Tag wieder bewusst: Wir müssen uns bisweilen von unseren Lebensplänen und der „Machbarkeit" des Lebens verabschieden.

An mir selbst und in vielen Gesprächen mit betroffenen Menschen habe ich erfahren, wie wichtig es ist, sich mit allem Schweren im Leben auseinanderzusetzen. Das, was unbegreiflich ist, das was so ganz und gar nicht in die Lebenspläne hineinpasst, will und soll gesehen werden. Ich möchte es heute sogar so sagen: Es soll gewürdigt sein. Die Umstände, in die mich das Schicksal gebracht hat, gehören zu mir und zum Leben überhaupt: Das wahrzunehmen und nicht daran zu zerbrechen, gehört zu den Aufgaben des Menschseins.

Die Trauer ist ein tiefer seelischer Prozess, der weh tut. Schmerzen und das Weh zu spüren, zeichnen uns als Lebewesen aus – Maschinen hingegen funktionieren oder stehen einfach still. Als Menschen können wir zwar auch funktionieren, und wir tun das bis zu einem gewissen Grad. Aber wir können nicht wirklich das Leid, das Weh oder komplett uns selbst abstellen – ein Teil von uns muss es ertragen. Wenn etwas weh tut, gibt es Mittel und Wege, die Schmerzen „auszulöschen", oder zumindest sie zu lindern – so haben wir es gelernt und so verhalten sich auch viele Menschen. Bei zu viel Kraftverlust steht unser Organismus auch irgendwann still, zumindest werden wir krank und können nicht mehr so, wie wir wollen oder es gewohnt sind.

Vielleicht sind Sie gerade in tiefer Trauer und wissen nicht, wie es weitergehen kann. Da braucht es jemanden, der einem zur Seite steht und der Halt geben kann. Wenn Sie meine Geschichte lesen, können Sie vielleicht etwas daraus mitnehmen, das Ihnen hilft, wieder Zuversicht und Freude am Leben zu gewinnen. Das geht nicht so prompt, wie man sich das manchmal wünscht. Vielmehr ist es ein langsamer Prozess, der einem viel abverlangt und der auch immer wieder mit Schmerz verbunden ist. Trauer ist keine Krankheit, aber nicht trauern kann krank machen. Daher gibt es auch keine Medizin, die das Trauern erleichtert oder betäubt, so wie wir das mit jedem anderen körperlichen Schmerz tun können – die Seele braucht etwas Anderes. Ich habe das selbst erfahren und möchte mit meiner Geschichte zeigen, wie es gehen kann. Die Trauer bleibt und ist ein stiller Begleiter, mal mehr, mal weniger im Vordergrund. Beim Schreiben war alles wieder da, als wäre es gestern geschehen, und ich konnte noch einmal alles nacherleben und den Schmerz wieder spüren. Mit der Gewissheit, ich habe das überlebt. Im Rückblick, ohne die Angst, wie es weitergeht, kann ich den Schmerz jetzt gut annehmen, denn er zeigt mir, dass ich lebe und dass ich mit meinem Mann Hans nach wie vor, wenn auch anders, verbunden bin. Das gibt mir ein ruhiges Gefühl.

Als meine Töchter das noch unfertige Skript lasen, mussten sie sehr weinen. Sie tauchten ganz in die Vergangenheit ein und spürten sich selbst wieder als Kinder. Mehr noch: Jetzt, da sie selbst Mütter sind, so sagten sie mir, sei ihnen der Schmerz der Mama, also meiner, noch viel deutlicher geworden und sie können erst jetzt richtig ermessen, was ich damals durchgemacht habe. Das hat uns auf einer ganz anderen Ebene einander noch nähergebracht.

Dass Sie, lieber Leser, liebe Leserin in diesem Buch das finden, was Ihnen guttut und etwas, das Sie darin bestärkt, dass der Verlust eines geliebten Menschen zu einem tieferen Bewusstsein führt: Das wünsche ich Ihnen von Herzen.

München, im April 2020
Renata Bauer-Mehren

Teil 1: Meine Geschichte

1. Es ist etwas Furchtbares passiert! Als das Unvorhersehbare in mein Leben trat

Die Stunde Null

Es ist Sonntag früh, 8:00 Uhr, der 30. August. Ein schweres Gewitter tobt draußen und gibt Erleichterung nach der drückenden Schwüle. Wir sitzen in der „Pensione Anna" beim Frühstück und sind immer noch ein wenig zerknautscht von der langen Nachtfahrt nach Terracina, südlich von Rom. Die Kinder sind vergnügt und redefreudig, aber auch ängstlich, wenn der Blitz den nüchternen Frühstückssaal grell erleuchtet. Hans und ich haben schwere Knochen, die zehnstündige Fahrt sitzt noch darin. Den größten Teil ist ja er gefahren, und ich konnte nebendran immer wieder einnicken:

Es ist eine sehr lange Anfahrt, aber wir kennen das schon, wir haben das schon oft so gemacht. Heute wollen wir nach Fondi fahren, da ist Markt, und wir lieben es, in den Ausstellungsbuden rumzustöbern und das ein oder andere zu erwerben. Hans kann sogar handeln und freut sich, wenn er wieder ein Schnäppchen ergattert. Das Gewitter hat sich tatsächlich nur kurz während des Frühstücks ausgetobt und wir können bald aufbrechen. Die nasse Straße dampft, die Sonne scheint schon wieder – das ist das Schöne im Süden, es ist nie lange dunkel und grau oder Wolken verhangen, die Sonne siegt immer wieder nach kurzer Zeit.

Um 10:00 Uhr ist es schon wieder drückend heiß, die Kinder haben Durst und sind ungeduldig, weil das alles doch nicht so interessant für sie ist. Ricarda, die gerade sechs Jahre alt geworden ist, kann ja kaum über die Ausstellungskästen blicken, die auf hohen Böcken stehen, und es wird auch schon wieder sehr voll – die Italienerinnen sind geschäftig und unterhalten sich lautstark mit den Nachbarinnen in den engen Gassen. Ich liebe dieses bunte Treiben, und wir setzen uns am Rande des Marktes in ein kleines Café. Hans und ich nehmen einen Espresso, die Kinder bekommen „Limonata".

Wir sind mit unseren drei Kindern, Anna 10 Jahre, Franziska 9 Jahre und Ricarda 6 Jahre, unterwegs. Das ist die jetzige Kernfamilie, unsere Kinder (drei weitere Töchter, zwei von ihm, eine von mir) aus der jeweils ersten Ehe haben wir zu Hause gelassen. Sie sind schon erwachsen, und es beginnt gerade eine neue Zeitrechnung für uns: nur Vater, Mutter und gemeinsame Kinder. Die anderen Kinder waren alle auch schon mal in den Ferien mit dabei. Alle sechs Mädchen!

Unsere Einkäufe bleiben diesmal etwas spärlich, Hans kauft sich ein paar Kurzarm-Hemden. Dann freuen wir uns schon auf das Bad im Meer, wollen aber vorher noch auf der Burg in Monte San Biagio picknicken. Das ist ein wunderschöner Blick von da oben, und wir sitzen auf der Stadtmauer und essen Parmaschinken, wunderbaren Käse und frische Tomaten. Es weht ein leichter Wind, die langen Haare und Kleidchen der Mädchen bewegen sich mit ihm, und ich genieße es, mit ihnen allen da zu sein. Hans scheint mir ein bisschen unruhig – ich schiebe das darauf, dass er schwimmen gehen will und es ihm schon zu lange dauert, bis wir wieder alle „aufsitzen" und zum Strand fahren. Dort haben wir eine Umzugskabine gemietet, er kann es kaum abwarten, wirft sich schnell in die Badehose und stürzt ins Wasser – Anna hinterher. Ich habe Mühe: Erst einmal helfe ich den Kleinen, sich umzuziehen, ich selbst bin ein bisschen träge, sammle die Kleidungsstücke auf und verstaue sie in dem kleinen Raum, bis ich mich umziehe und gemütlich zum Strand zu unserem Liegeplatz wandere. Wir haben zwei Schirme mit Liegen reserviert. Das ist hier so üblich. Es ist ein kontrollierter, sehr sauber gehaltener Strand mit einem kleinen Café, in dem man Getränke und auch Kleinigkeiten zum Essen kaufen kann. Wir sind hier gut bekannt, wir waren schon oft hier. Hans hat sich mit den Eigentümern des Platzes, mit Claudio und Adriano angefreundet. Mit den paar Brocken Italienisch mischt er schon richtig in der Männergesellschaft mit. Sie mögen den „Avvocato Tedesco", den deutschen Anwalt, das ist spürbar und sie mögen auch seine Familie. Ein Italiener ist hier mit seiner deutschen Frau, Gennaro und Renate – sie haben ein Restaurant in Wolfsburg. Sie werden noch sehr wichtig für mich sein – das weiß ich in diesem Moment aber noch nicht. Es ist ungefähr zwei Uhr, Siesta in Italien, es sind erst wenige Leute am Strand. Anna kommt angerannt, außer Puste und ruft von weitem schon „Mama, Mama, der Papa ist so komisch." Sie hat gerade erst schwimmen gelernt und ist mit Hans ein Stück hinausgeschwommen, das habe ich noch beobachtet. Dann wollte ich mich ein wenig ausruhen und auf die Liege legen. „Was meinst du mit komisch?", frage ich sie. „‚Ich kann nicht mehr', hat er gesagt und sich auf den Rücken gelegt", berichtet sie. Ich gehe runter zum Meer. In der Tat, er liegt auf dem Rücken. Das macht er manchmal: Das heißt wohl „Toter Mann", man kann so eine längere Zeit dahintreiben, und ich beruhige mich damit, obwohl schon ein sonderbares Gefühl in mir hochsteigt.

Er treibt ab in eine Region, die nicht mehr zu unserem bewachten Strand gehört. Das ist ungewöhnlich. Ich bin keine gute Schwimmerin, und er ist auch schon zu weit draußen. Es wird mir jetzt doch unheimlich, und ein banges Gefühl taucht in mir auf: Ich kann ein paar Italiener bitten, rauszuschwimmen, um nach Hans zu sehen und ihn zu fragen, was mit ihm los ist. Ich muss so in Angst gewesen sein, dass drei junge Männer sofort begriffen haben, was ich will: Sie schwimmen hinaus zu Hans und bringen ihn an Land – er ist bewegungslos. Mir schwinden die Sinne, ich spüre nun nichts mehr, halte meine drei Mädels dicht an mich gepresst, nehme nur schemenhaft wahr, was gerade passiert. Jemand hat Adriano geholt, er nimmt Hans in seine Arme, ich sehe nur, dass er ganz weiß ist, wie tot, und mein Kopf arbeitet: „Das kann nicht sein", während meine Seele zumacht und nichts davon wissen will, obwohl sie schon längst weiß: Es ist etwas Furchtbares passiert.

Viele Leute stehen jetzt um mich und die Kinder herum, ich verstehe nicht, was sie sagen, ich sehe nur, dass sich andere um den Hans kümmern. Er liegt im Sand, ich glaube, sie machen Wiederbelebungsversuche, und dann höre ich auch schon die Sirenen des Krankenwagens, und Sanitäter kommen gelaufen ... ich bin willenlos und lasse mich zu dem Café führen, die Kinder immer an mich gedrängt, ich will sie schützen, aber wovor? Im Café sitze ich auf einem der Plastikstühle und bekomme Schnaps eingeflößt, Blicke der Frauen treffen mich mitleidend, Männer diskutieren, gestikulieren. Ich bin wie taub, der Alkohol brennt in der Kehle, das einzige, was ich jetzt spüre neben den schlagenden Herzen der Mädchen. Es ist wie in einem Film, ich sehe mir und dem Umtrieb zu, bin aber nicht beteiligt: Es spielt sich ab, und ich wundere mich, dass ich so ruhig zuschauen kann.

Gennaro und seine Frau erklären mir jetzt, dass sie wollen, dass ich mit den Kindern zu ihnen komme, ich könne so nicht allein in die Pension gehen. Sie packen unsere Handtücher und Kleidung aus der Umkleidekabine zusammen und verstauen uns in ihrem Auto. Der Weg hinauf auf den Monte San Angelo schlängelt sich, wir sind da öfter am Tempio di Giove Anxur. Gennaro hat am Hang ein Haus, da quartieren sie uns ein – ich bin immer noch willenlos und wie im Nebel. Was ist eigentlich passiert? Sie haben Hans ins Krankenhaus gebracht und wir werden jetzt dorthin fahren, die Mädels bleiben bei Gennaros Frau.

Im Krankenhaus sitze ich auf einem harten Stuhl und warte auf den Arzt und auf die Bestätigung dessen, was ich schon weiß, es aber nicht wahrhaben will: Sie bringen mir sein Goldkettchen und seine Armbanduhr. Gennaro übersetzt mir alles; sie haben versucht, ihn zurückzuholen, aber es ist nicht gelungen. Er ist um 15:10 Uhr gestorben. Es pocht in meinem Kopf so laut, dass ich die Stimmen von außen nur sehr unscharf höre: er ist tot, tot, tot. Sie brauchen jetzt Sachen zum Anziehen, er ist ja immer noch in der Badehose, sie wollen ihn anziehen und aufbahren. Draußen scheint die Sonne wie immer, und doch ist sie für mich ganz anders jetzt: milchig, nicht zu meiner Freude, eher wie eine Ohrfeige, sie gehört nicht so strahlend und schön in mein Leben, sie ist unerbittlich gemein. Wir holen Anziehsachen aus der Pension, sagen den netten Leuten in der Pension Bescheid, was passiert ist. Mutter Anna weint, sie hat den Hans gemocht, denn sie haben viel zusammen gelacht, weil er so viel Italienisch-Deutsch durcheinander gesprochen hat. Am Abend bringt sie Wein und auf zwei großen Blechen gebratene Sogliole und Backofen-Kartoffeln, das war Hans'

Lieblingsgericht. „Das hättet ihr heute Abend gegessen!“, sagte sie weinend und verschwand. Heute noch essen wir Plattfisch am Todestag.

■ Theorie der Trauer: Ein Ereignis, das alles verändert

In diesem Buch geht es vor allem um den Tod als einschneidendes Ereignis, das alles verändert, das Leben auf den Kopf stellt.

Natürlich können das aber auch andere einschneidende Ereignisse sein: eine Trennung, der Verlust einer Arbeitsstelle, ein Unfall …

Jeden Menschen kann jederzeit etwas völlig unvorbereitet treffen, und das Wesen des Unvorhergesehenen ist es, dass es eben nicht vorhergesehen, und damit auch nicht vorbereitet werden kann.

Wichtig ist es, zu verstehen, dass es Dinge und Ereignisse gibt, auf die wir uns nicht wirklich vorbereiten können. Und es macht auch keinen Sinn, sich permanent mit der Frage zu beschäftigen „was wäre, wenn …?“. In den Urlaub zu fahren mit dem Gedanken, dass der eigene Ehemann dort ums Leben kommen könnte, ist sinnlos und würde am Er-Leben hindern. Natürlich kann man Vorkehrungen treffen, um z.B. bei einem Todesfall finanziell abgesichert zu sein. Diese Vorkehrungen sind wichtig und notwendig, aber eher abstrakter Art. Eine tatsächliche Vorbereitung auf das Unvorhersehbare gibt es nicht.

Konkret: es macht Sinn, sich mit einem Testament oder einer Berufsunfähigkeitsversicherung zu beschäftigen, aber nicht, sich potentielle Katastrophen permanent vorzustellen.

Die Lawine der bangen Fragen: Was kommt da auf mich zu?

In der Nacht schlafe ich nicht, es rattert alles in meinem Kopf. Ich sehe Hans leibhaftig, er winkt an der Tür und will mich beruhigen: Gibt es dich doch noch? Wo bist du, ist das alles nur ein schlimmer Traum und gleich wache ich auf? Was passiert mit seinen beiden Töchtern aus erster Ehe? Sie sind jetzt Vollwaisen, und sie stehen auch im Eingang, ich kann an ihnen nicht vorbei.

Was kommt da jetzt alles auf mich zu? Wir haben gerade ein Haus gekauft, und ich habe gesagt, dass ich selbstverständlich mitarbeiten werde, um die Raten für das Darlehen abzuzahlen; wir haben uns hoch verschuldet in dem Glauben, dass wir beide es uns leisten können. Immerhin haben wir schon 12 Jahre in dem Haus zur Miete gewohnt, es umgebaut und uns darin eingerichtet. Kann ich das überhaupt alleine stemmen? Ich werde voll arbeiten gehen – was wird aus mir, aus den Kindern? Wie soll das alles gelingen? Hans, wo bist du? Was hast du gemacht? Warum haust du einfach ab? Zwischen den Tränen der Wut und der Trauer fühle ich mich hilflos und ohnmächtig. Ich rolle mich zusammen wie ein Embryo – ach, könnte ich doch einfach verschwinden oder mich klein machen und eine Mama haben, die alles liebevoll richtet, für mich. Es ist niemand da, ich soll das alleine aushalten, alleine bestehen, alleine schaffen …

Gennaro hilft mir am nächsten Morgen, ich muss zur Polizei, den Vorgang schildern. Er übersetzt. Ich bin gefasst, aber weit weg von mir. Vermuten sie etwa, dass ich etwas mit seinem Tod zu tun hätte? Warum diese akribischen Fragen? Es geht doch um mich, um mein Weiterleben ohne ihn. Nein, irgendwie glauben sie nicht, dass er, so ein starker Mann, einfach stirbt. Er hatte nichts am Herzen, er war gesund. Erst kurz vorher war er beim Arzt für einen Gesundheits-Check, alles ok. Das war ein schöner Moment, als er vom Arzt nach Hause kam, er strahlte so, er war ein lebensfroher Mensch, einer, der gerne tätig war. Nun liegt er in einem gekühlten Sarg mit einem Glasdeckel – es ist zu heiß und in dem Krankenhaus gibt es keinen Kühlraum. Sie haben ihm den obersten Hemdenknopf zugeknöpft, das konnte er nie leiden, das müssen sie ändern. Ich darf das nicht machen. Er sieht ganz friedlich aus, so als schlafe er. Das Weiße im Gesicht ist nicht mehr da, er ist braun gebrannt, und es sieht so aus, als lächle er. Er wolle schnell sterben, wenn es mal so weit sei, hat er gesagt, wenn wir uns über Tod und Sterben unterhalten haben: am liebsten beim Radeln, seiner Leidenschaft, oder ganz schnell an einem schönen Ort. Das hat er nun bekommen: es ging wohl recht schnell, und es war an dem Ort, an dem er im Sommer am liebsten war: am Meer.

Wir müssen einen Sarg aussuchen und die Überführung organisieren. All das macht der Gennaro, ich nicke nur ab und begreife gar nichts: den schönsten Sarg? Ja, aber er ist so barock verschnörkelt. Sicher nicht das, was zu meinem Hans passt, auch die Rüschchenwäsche sieht mir zu pompös aus. Außerdem ist das alles aus Kunststoff – das hat er gehasst. Da hinein soll ich ihn jetzt betten lassen?

Es gibt nichts anderes, behaupten sie, für den Verstorbenen nur das Schönste, und das ist auf Italienisch barock verschnörkelt und glänzend. Ich muss es zulassen und bedauere den Hans, dass er die Reise nach Deutschland in diesem ungewohnten und ungeliebten Outfit antreten muss. Kann er mit demselben Flugzeug, in dem ich nach München fliegen werde, mitkommen? Ein ewiges Hin und Her – danke, Gennaro, was hätte ich ohne dich gemacht? Er wird gleich in der nächsten Nacht mit dem Auto überführt werden. Anders ist es zu heiß.

Die Mädchen spielen still und leise, schauen manchmal zu mir mit fragendem Blick, ich kann mich nicht wirklich um sie kümmern – wissen sie, was das bedeutet: der Papa ist tot? Er wird nie mehr wiederkommen, nie mehr mit ihnen lachen und sich mit ihnen und an ihnen freuen. Ich denke, sie ahnen es – Kinder spüren viel mehr, als dass sie es verstehen. Und wer kann schon den Tod verstehen? Sicher fühlen sie mit mir den Schmerz. Weinen sollte ich nicht, das hat mir Claudio eindringlich gesagt: „Du musst stark sein, der Kinder wegen – sie bekommen sonst Angst!" Heute weiß ich, dass das nicht stimmt: die Kinder dürfen mich weinen sehen, und sie dürfen sehen, dass ich trotz des Schmerzes und der Hilflosigkeit in der Welt bleibe, mich den helfenden Menschen anvertraue und mit ihnen das Wesentliche organisiere. Wie habe ich es sonst geschafft, meine Schwestern, meine Töchter zu Hause anzurufen, meine engsten Freunde? Mit allen gemeinsam haben wir organisiert, dass Hans' älteste Tochter mit ihrem Freund nach Rom fliegt, von da aus nach Terracina kommt, damit sie das Auto mit den drei Mädels nach München fährt. Gennaro kauft mir ein Flugticket, bereitet die Überführung vor und ist als Freund mit seiner Frau an meiner Seite, bis ich mich von allen verabschiede. Hans' älteste Tochter kann ihren Vater noch aufgebahrt sehen – er sieht so friedlich aus, und ich kann nicht glauben, dass er nicht mehr lebt. Mit den Mädchen gehe ich noch einmal zum Giove, dem Tempel am höchsten Punkt des Monte San Angelo. Wir sind da jedes Mal hinauf gefahren und haben schöne Fotos gemacht, man steht in einem Olivenhain und sieht hinunter auf das blaue Meer.

Dieses Mal ist es anders: wir sehen keine grünen Olivenbäume, sie sind schwarz und grau – abgebrannt, alles sieht verwüstet aus. Ein Feuer hat hier gewütet: das passt zu meinen, zu unseren Empfindungen. Sehr traurig verabschiede ich mich von diesem Ort, an dem wir so oft und glücklich waren.

Am Dienstag bringen sie mich zum Flugzeug. Ohne Hans fliege ich, ich komme mir sehr allein vor, Gefühle, Gedanken und chaotische Bilder sind meine Begleiter, wie soll das alles weitergehen? Kann ich und will ich überhaupt überleben? Da streiten sich zwei in mir: die eine „es ist alles sinnlos jetzt" und die andere „ich werde, ich muss es schaffen!" Ich muss schrecklich mitgenommen ausgesehen haben, denn alle schauen mich mitleidig an, die Flugbegleiterin kommt öfters zu mir und fragt mich, ob ich

Ein Bild aus längst vergangenen Zeiten: Meine vier Töchter mit Hans unter dem Olivenbaum in Italien – entstanden ist das Foto etwa 1990. (Foto: R. Bauer-Mehren)

etwas brauche ... ja, ich brauche meinen Mann! Möchte ich ihr entgegen schreien, aber das denke ich nur.

Astrid und Peter holen mich am Flughafen ab. Wie gut, dass es auch hier Freunde gibt, die mich auffangen und unterstützen. Ich will alleine sein, es ist furchtbar, das Haus aufzuschließen und zu wissen, dass der Hans hier niemals mehr herein kommen wird. Ich setze mich und spüre die ganze Last auf mir, ich schreie laut, immer lauter, bis ich keinen Atem mehr habe, dann schluchze ich nur noch. Die zwei Katzen setzen sich dicht zu mir, schauen mich nur an und weichen nicht mehr von meiner Seite. Spüren sie, was los ist, wissen sie, dass es mir gut tut, dass sie ohne Forderung einfach nur still und aufmerksam da sind? Die Tiere können wirklich spüren und aufnehmen, was in mir vorgeht. Sie verwandeln meine Verzweiflung in Trost. Trost heißt hier einfach nur: wir sind da, bei dir als Lebewesen, an deiner Seite. So deutlich ist mir das noch nie gewesen.

Eine der Töchter aus Hans' erster Ehe wartet auf mich in der Friedhofshalle. Wir werden zusammen einen Grabplatz aussuchen. Der Waldfriedhof ist sehr groß, und der Beamte unterrichtet uns über die Bedingungen: ich habe mir noch nie Gedanken darüber gemacht, wie soll Hans beerdigt werden? Keine Urnenbestattung, das ist gleich klar. Aber in welcher Abteilung? Das ist hier streng geregelt: Holzkreuze, liegende Steine, Denkmäler, Familiengrab und Einzelgrab? Wir wollen den Grabplatz nicht an der lauten Straße haben, nicht in der prallen Sonne … Nach einigen Kilometern über den Friedhof laufen, immer wieder neue Plätze anschauen und dann endlich spüren: Ja, das ist der Platz, an dem wir seine Ruhestätte einrichten wollen. Sie ist unter einem hohen Baum, an einer Weggabelung, also nicht eingeengt und ein Familiengrab. So habe ich nun auch meinen eigenen Grabplatz ausgesucht, auch ich werde dort einmal beerdigt werden. Irgendwie hat das etwas Beruhigendes, etwas, das auf die Zukunft hin ausgerichtet ist: im Hier und Jetzt bin ich der Gegenwart schon weit voraus.

■ Theorie der Trauer: Phase I: Überwältigung

In dieser ersten Phase ist der/die Trauernde einfach nur überwältigt, der Schmerz akut und heftig. In dieser Phase hilft selten „gutes Zureden", denn es gibt keine Vorstellung davon, dass „es schon irgendwann wieder wird". Der Schmerz überstrahlt alles, ein klarer Gedanke ist so gut wie nicht zu fassen.

Nicht selten besteht in dieser Phase akute Suizidalität, die Sinnhaftigkeit ist für die Trauernden verschwunden, sie erleben sich oft „neben sich".

Wichtig für Begleitende in dieser Phase ist das für die Trauernden „Dasein", auf sie eingehen und sich für sie um Alltägliches zu kümmern, sie regelrecht „am Leben" zu erhalten.

Eine Beerdigung ist mitnichten ein Abschluss

Meine Mädels kommen mit der anderen Tochter von Hans, deren Freund und meiner Tochter Alexandra nach München zurück. Ala (Alexandra) haben sie in Florenz ins Auto eingeladen – sie war nach dem Abitur zum Italienisch-Lernen dort. Nun sind sie alle um mich herum, ich bin nicht alleine, bekomme viel Hilfe, und manchmal lachen wir sogar, weil doch alles so unwirklich erscheint und so, als bereiten wir ein großes Fest vor für den Hans. Was es da alles zu überlegen gibt, zu bedenken – wer muss verständigt werden, wer soll die Trauerfeier vornehmen? Unser Pfarrer, der uns gut kennt, der alle Kinder getauft hat und sich auch mit Hans gut verstand, ist in Italien im Urlaub bei seiner 90-jährigen Mutter – er kann leider nicht so schnell zurückkommen. Der Stellvertreter, den ich aufsuche, ist nicht in der Lage, mein Anliegen zu verstehen oder darauf einzugehen: er hat wohl ein bisschen viel Messwein getrunken – jedenfalls lallt er und ist abstoßend, alles andere als ein Seelsorger. Hans war aus der Kirche ausgetreten, ja, aber die Trauerfeier soll ja für uns als Hinterbliebene sein! Wir brauchen den Beistand und da ist es egal, ob Hans die Kirchensteuer bezahlt hat – ich bezahle sie doch noch immer! Wie kann das sein, dass die kirchlichen Vertreter so unbarmherzig sind? Auch der evangelische Pfarrer lehnt eine christliche Beerdigung ab, Hans war evangelisch getauft. Ist das christlich, einer Witwe mit sechs Kindern, die alle getauft sind, einen kirchlichen Segen zu verwehren? Spätestens da habe ich den Glauben an eine Menschlichkeit in der Kirche verloren – den beiden Herren ging es darum, mir klar zu machen, dass sich Hans mit seinem Austritt gegen eine christliche Beerdigung entschieden hätte. Sie kannten ihn nicht, ich aber wohl, und ich wusste, dass er immer dafür gestimmt hätte. So bin ich verzweifelt herumgerannt, um jemanden zu finden, der mehr mit dem Göttlichen in Beziehung steht, und uns segnen kann. Ein Trauerredner, so wie es sie heute überkonfessionell gibt, gab es damals noch nicht. Irgendwer gab mir eine Adresse von einem Pastoralreferenten, den kontaktierte ich und klagte ihm meine Empörung über seine Arbeitgeber – er wollte sofort helfen!

Wir gehen also alle, sechs Mädchen und ich zu ihm in seine Wohnung: Wunderbar, vier kleine Kinder springen dort herum, seine Frau beschäftigt sie nun im Nebenzimmer. So ist er in der Lage, auch meine kleinen Mädchen zu verstehen und sich anzuhören, was sie bewegt. Wir erzählen alle von Hans, von dem, wie er war und dass es auch manchmal schwierig mit ihm war. Das war es besonders für Hans Töchter aus erster Ehe, die ja schon die Mutter sehr früh verloren hatten. Alexandras leiblicher Vater lebt noch, aber Hans war für sie eben auch wie ein Vater. Er und Rudolf, mein geschiedener Mann, kannten sich gut und respektierten einander, so dass es für Alexandra gut war, beide zu haben als väterlich-männliche Begleiter. Der Satz einer Bekannten zu Alexandra: „Wieso trauerst du denn? Er war doch nur dein Stiefvater!“ hat sie sehr verletzt. Darf man denn nicht auch trauern, wenn es nicht dasselbe Blut ist? Kommt es nicht eher auf die Beziehung an, auf das, was Menschen miteinander verbindet?

Nach vier Stunden Gespräch sind wir froh und erleichtert, wir fühlen uns von dem Mann verstanden und angenommen. Er wird eine würdige Abschiedsfeier gestalten. Und so habe ich das Gefühl, dass uns doch noch etwas gelingen kann.

Die Ansprache in der Aussegnungshalle war sehr anrührend, fast so, als hätte der Sprecher selbst den Hans gekannt. Die Feier ging dann allerdings an mir vorbei, ich habe nichts gefühlt, nur dass ich da mit den drei kleineren Kindern und den drei großen verständnislos dabei war. Es war eine große Trauergemeinde, die dann hinter dem Sarg zum Grab ging. Es war warm und die Natur schien freundlich und friedlich. Auch am offenen Grab gab es noch einmal liebe Worte für Hans und auch für uns, die wir so ratlos dabei standen. Heute würde ich es anders machen können: Heute würde ich selbst etwas sagen und sicher würden auch die Töchter sprechen können. Selbst unter Tränen sind die Abschiedsworte persönlicher und wirklich abrundend. Ich weiß noch sehr genau, dass der Schmerz mich schier zerriss – wenn jetzt eines meiner Kinder auch noch sterben würde, sterbe ich gleich mit – bitte, das ist Schmerz genug, nicht noch mehr denken, was alles passieren kann. Die Gedanken in die Zukunft, ein vorweggenommener Schmerz ist auch mit am Grab.

Die Leute, die mir jetzt Kraft zusprechen wollen, mir die Hand schütteln oder mich umarmen, sie sehen unendlich traurig aus – das registriere ich wie durch eine Glasscheibe und denke: „Komisch, wieso trauern die so, *ich* bin doch diejenige, die allen Grund hat zu trauern. Vielleicht sollte ich ihnen Trost zusprechen? Was brauchen *sie* denn in diesem Moment?" Ich bin äußerlich sehr gefasst und merke genau, wer alles da ist. Das ist ein merkwürdiges Auseinanderdriften meiner Person: Die, die um Hans trauert und die, die genau beobachtet, wer wie da ist und wer sich wie verhält. Diese Person nimmt alles wie mit einem Filmapparat auf – der Film wird auch noch lange nach diesem Tag immer wieder abgespult. Und er ist auch heute noch präsent.

■ Theorie der Trauer: Die Beerdigung – das letzte Fest

Mit Ablauf und Gestaltung einer Beerdigung beschäftigen sich die wenigsten Menschen, ohne einen konkreten Anlass zu haben. Dabei lässt sich dieses „letzte Fest" – wie es Nicole Rinder und Florian Rauch in ihrem gleichnamigen Buch bezeichnen – gut vorbereiten. Damit eine Beerdigung auch tatsächlich als Fest gelingen kann, ist es ratsam, wenn die Vorbereitung nicht in die akute Trauerphase fällt.

Sich mit einer – oder gar der eigenen – Beerdigung zu beschäftigen, macht vielen Menschen Angst. Dabei kann dadurch dem Unvorhersehbaren ein wenig von seinem Schrecken genommen werden. Denn das kann ich tun, um mich zu wappnen: sowohl als derjenige, der beerdigt wird, als auch als diejenigen, die zurückbleiben. Für beide wird es ein gutes Gefühl sein, möglichst viel vorherbestimmt zu haben und so dem Unvorhersehbaren etwas den Schrecken zu nehmen.

Mehr zum Thema Beerdigung auf Seite 82 f.

Die bürokratischen Monster haben mich in ihren Fängen – und ziehen mich gleichzeitig auf die Beine

Die Zeit nach der Beerdigung ist angefüllt mit vielen Dingen, die getan werden müssen: Kündigungen von Versicherungen, Telefonen, Laufereien zu den Ämtern: der Totenschein ist auf Italienisch – er muss übersetzt und notariell beglaubigt werden: Ich funktioniere! Ich kann alles tun, ja sogar mich heftig wehren, als es heißt, ich sei die Erbnachfolgerin von Hans, auch in seinen geschäftlichen Dingen – also habe ich den Leasingvertrag der Telefonanlage zu übernehmen. Ich kämpfe mich bis zu einem höher gestellten Vertreter der Firma Siemens durch und drohe ihm, als Witwe mit sechs Kindern zur Zeitung und zum Fernsehen zu gehen, um aufzuzeigen, wie gnadenlos hier gehandelt werden soll: Eine so renommierte Firma wird doch das nicht verlangen? Ich soll eine Telefonanlage mit mehreren Telefonen abzahlen, die ich als Lehrerin nicht brauche. 700 DM monatlich, in meiner Situation eine irrsinnige Summe. Ich werde tatsächlich verstanden und kann die Anlage abgeben! Der Hausbesitzer fängt an, mich zu drangsalieren: Wenn ich nicht sofort den Kaufpreis bezahle, wie vertraglich vereinbart, macht er den Kauf rückgängig. Ich kämpfe wie eine Löwin: „Sie werden doch wohl eine Witwe mit sechs Kindern, deren Mann vor 10 Tagen verstorben ist, nicht aus dem Haus werfen!?" Auch ihm drohe ich mit der Veröffentlichung seiner unzumutbaren, wenn auch rechtlich richtigen Forderung. Wenn da nicht der Herr Wald gewesen wäre! Er war der Ansprechpartner an unserer Bank, er hat uns gut gekannt, und mir jetzt ganz unbürokratisch geholfen, indem er den Kaufpreis zunächst aufbrachte.

Es gibt also auch Menschen, die sich über Sachverhalte hinwegsetzen können, um das rein Menschliche, das, was hilft, zu tun. Herr Wald wusste ja, was an Geldern da war und dass die Lebensversicherung, die Hans als Sicherheit der Bank gegeben hatte, nun auch doppelt ausgezahlt werden konnte, wenn bestätigt würde, dass es sich bei Hans' Tod um einen Unfall handelte. Leider musste ich auch da wieder kämpfen: Die Versicherung wollte zunächst nicht anerkennen, was auf dem italienischen Totenschein stand. Auch in der Übersetzung stand: es war ein Unfall. Ich sollte genötigt werden, Hans zur Obduktion freizugeben – man konnte und wollte nicht glauben, dass es nicht doch ein Herzinfarkt gewesen sei! Man kann im Meer nicht anders sterben!

Wieder kämpfen, von einem Vorsprechen zum nächsten gehen: Wo ist meine Trauer? Es gibt sie gerade nicht: ich bin voller Wut, weil die Menschen in ihren satten Geschäften sitzen und nur den Buchstaben sehen, nicht mich, die ich leide – außer der Floskel „Herzliches Beileid" gibt es kein Erbarmen, nicht wenigstens ein Bemühen, wie mir geholfen werden könnte. Ich lasse meinen Mann nicht wieder ausgraben, damit sie an ihm herumschneiden können: An mir geht kein Weg vorbei! Das scheinen sie irgendwann bemerkt zu haben: Ich lasse es nicht zu! Auch Hans hatte sich schon im Tod gegen den italienischen Barock gewehrt – er musste umgebettet werden in einen einfachen Fichtensarg mit Leinenkissen und Decke – die Nachtfahrt bei den sommerlichen Temperaturen ohne Kühlung hat er nicht unversehrt überstanden. „Er hat den Sarg ‚gesprengt'", sagte mir die Dame aus dem Bestattungsinstitut in München. Das hat mich irgendwie gefreut und beruhigt. „Ja, Hans, ich weiß, dass du noch mithilfst und dich wehrst, wenn etwas nicht stimmt!" Insgeheim muss ich sogar ein wenig lachen.

Was es alles abzuwickeln gilt! Wer hat schon immer alle Papiere zusammen? Wer weiß, was alles gekündigt und erledigt werden muss? Heute denke ich – für den ganzen Papier- und Behördenkram braucht es jemanden, der das als Unbeteiligter machen kann. Ich kann noch lange nicht trauern und begreifen, was es für mich heißt, Witwe und alleine ohne Ehemann zu sein, so viel ist zu tun und zu erledigen. Da gehen mir auch Gelder verloren, weil ich etwas nicht rechtzeitig abgebe oder anfordere oder… oder… oder… Es fehlt jemand, der eine große Veranstaltung organisiert, jemand, der weiß, worauf alles zu achten ist, und der auch Verantwortung dafür übernimmt. Ich muss schnell den Verkauf der Kanzlei abwickeln, weil da Mandanten mit Termindruck stehen – auch hier muss sich jemand darum kümmern.

Daneben habe ich meine Kinder zu versorgen, nicht nur äußerlich mit Mahlzeiten, auch seelisch. Ich sitze lange an ihren Betten, bis sie eingeschlafen sind, dann kann ich wieder meine Sachen ordnen – wenn ich dazu in der Lage bin! Wie gut, dass meine Freundin Angelika einfach einen Suppentopf vor die Türe stellt, klingelt und wieder verschwindet – ich kann und will oft nicht reden. Das ist Hilfe, und ich weiß heute, dass das in anderen Kulturen üblich ist: im Trauerhaus wird nicht gekocht, das machen die Nachbarn und Freunde. Ich möchte das hier auch einführen.

■ Theorie der Trauer: Phase II: Formalitäten und Funktionieren

Der wilde Schmerz ist in dieser Phase abgeklungen, er besteht vielleicht nur mehr aus einem dumpfen Pochen, das die Trauernden nicht davon abhält, zu funktionieren. Oftmals wirken Trauernde in dieser Phase besonders tatkräftig, und Außenstehende staunen, wie „gefasst" und tatkräftig sie sind.

Und tatsächlich verfügen Körper und Psyche über Mechanismen, um zu funktionieren, und alles „am Laufen" zu halten. So ist z. B. Wut über den Verlust und das Unverständnis über bürokratische Hürden ein wichtiger Antriebsmotor für Lebendigkeit. Der/die Trauernde erwacht wie aus einer Ohnmacht und kann tätig werden. Dennoch ist der Schmerz nicht weg, sondern im Gegenteil ein Zeichen für die Trauernden, am und im Leben zu sein.

Für Begleitende ist es wichtig zu akzeptieren, dass die Wut ein wichtiges „Lebensmittel" ist, da sie den Depressionen entgegensteht. Oft ist diese Phase für Begleitende nur schwer zu ertragen. Am besten ist es, konkrete Unterstützung z. B. bei Behördengängen oder „Formularkram" zu leisten.

„Darauf können wir jetzt keine Rücksicht nehmen!" oder: Trauernde Kinder in der Schule

Vier Tage nach der Beerdigung beginnt die Schule wieder: Anna geht nun zum ersten Mal ins Gymnasium, Franziska in die 4. Klasse und Ricarda wird eingeschult. Es tut sehr weh, dass der Vater, der so gerne dabei gewesen wäre, den ersten Schultag, so wie bei den anderen Kindern, nicht mitgestalten kann. Liebevoll ist da Frau Schimpfhauser, die Kindergartenleiterin, die die Kinder durch die Kindergartenjahre begleitet hat. Sie ist da und hat für alle eine kleine Schultüte gebastelt. Wir essen zusammen am großen Esstisch – der Stuhl von Hans darf nicht leer stehen, ich setze mich auf seinen Platz und erkläre allen, dass ich nun alleine die Elternschaft vertrete und mich nun auch als das Oberhaupt der Familie sehe. Das können alle annehmen, aber ein wenig ungewohnt ist es doch: Darf ich so einfach seinen Platz übernehmen? Ja, denn Hans ist dabei, ohne dass wir ihn sehen können, und wir sprechen von ihm und was er wohl jetzt sagen würde. Er hat zu fast allen Gelegenheiten eine kleine Rede gehalten: das übernehme nun ich.

Ich war auch bei den Schulleitern und habe den Tod des Vaters berichtet, damit die Lehrerinnen und Lehrer sich darauf einstellen können und ein bisschen mitfühlend sind, wenn die Mädels vielleicht manchmal nicht so im Unterricht dabei sein können. Leider gibt der Schulleiter am Gymnasium diese Information nicht weiter: Anna kommt zwei Tage nach Schulanfang weinend nach Hause, sie sollen das Grab von „Herrn Ribbeck auf Ribbeck im Havelland" malen, aus dem in dem alten Gedicht von Theodor Fontane ein Birnbaum herauswächst. „Mama, das kann und will ich nicht, da muss ich so an den Papa denken, und ich mag nicht, dass ein Baum aus ihm wächst!" schluchzt sie. Wie können Erwachsene nur so mit Kindern umgehen? Warum wird der Tod des Vaters nicht ernst genommen? Warum hat die Deutschlehrerin nichts davon gewusst? Ich glaube, bzw. ich hoffe, dass es heute anders in den Schulen zugeht. Allerdings weiß ich aus meiner eigenen Schultätigkeit, dass Trauerarbeit kein Thema in der Schule ist. Trauer der Schülerinnen und Schüler, nicht nur, wenn jemand verstorben ist, sondern auch, wenn etwas nicht gelingt, zum Beispiel eine Schulaufgabe, eine Aufgabe lösen können, eine Freundschaft halten. Erst durch meine eigene Geschichte habe ich gelernt, wie wichtig es ist, alles, was im Leben verabschiedet wird, wie Pläne, Vorstellungen und Erwartungen, die nicht erfüllt werden, zu betrauern. Trauer und Enttäuschung gehören zum Leben, aber darauf werden wir nirgends gut vorbereitet, schon gar nicht in der Schule. Dabei gibt es doch den tiefsinnigen Satz: „Nicht für die Schule, sondern für das Leben lernen wir!"

Dieses Thema habe ich sehr viel später als Lehrerin immer wieder zur Sprache gebracht, und auch in allen Lehrer-Fortbildungen davon gesprochen. Heute, 25 Jahre danach, ist Trauerarbeit immer noch kein fester Bestandteil in den Lehrplänen, natürlich auch nicht in den Ausbildungen der Pädagogen. Das Kapitel Psychologie hat zwar einen festen Platz, nicht aber der reale Bezug zu dem, was in Kindern wirklich vorgeht.

Wie meine Kinder trauerten – Versuch einer Analyse

Meine Kinder haben sehr unterschiedlich und zeitlich versetzt ihre Trauer ausgedrückt.

Anna hat zunächst eine große Wasserangst entwickelt und konnte lange nicht in offenen Gewässern schwimmen. Das hat sie erst später, als sie studierte und ihren Mann kennen lernte, langsam und mit einiger Geduld des Partners aufgeben können. Sie hat sich sehr verantwortlich gefühlt, sowohl für ihre Schwestern als auch für mich. So konnte sie schon sehr früh auch die Geschwister dirigieren, wenn es um den Haushalt ging. Ich musste in dem Jahr nach Hans Tod alle äußeren Verpflichtungen, die mit der Kanzlei, den Bank- und Nachlassgeschichten zu tun hatten, erledigen und war daher mit dem Kopf und meiner Aufmerksamkeit für die Kinder nicht immer anwesend. Die Mädchen wurden dadurch sehr schnell selbständig und haben viel gelernt, aber gleichzeitig auch ihre kindliche und jugendliche Sorglosigkeit abgegeben. „Mama, du sollst nicht auch noch sterben!“ waren schon beängstigte und beängstigende Augenblicke.

Anna hat ihre Trauer also sehr stark in eine Verantwortung für das Gelingen der äußeren Lebenssituation umgemünzt. Manchmal war ich richtig froh darüber, dass sie keine offenen Symptome zeigte. Erst später, und auch im Gespräch mit ihr, ist mir klar geworden, wie sehr sie in das Funktionieren eingestiegen ist und dafür die kindliche Naivität, das sich nicht kümmern müssen, verlor. Sie war dann stets in der Schule die Mittlerin, die, die alles gut machte und konnte. Das Lernen fiel ihr leicht, aber wenn etwas nicht ganz leicht ging, war es auch sehr schwierig für sie. Ich glaube, sie hat sich furchtbar ange-streng-t, war also streng zu sich selbst, so wie auch mit den Schwestern und manchmal auch mit mir. Sie hat die Position der Haushaltsleiterin übernommen und wirklich hervorragend für uns alle und alles gesorgt. Das kommt ihr natürlich jetzt als Erwachsene in ihrer Familie zugute, sie erfüllt sich beruflich und auch im Privaten ihre Pläne. Allerdings ging es beruflich am Anfang auch nicht so leicht, wie sie sich das wohl gewünscht hat. Wir, das heißt ihre Kernfamilie und ihr Mann haben sie dabei sehr unterstützt. Ich glaube, wir alle haben gelernt, offen und ehrlich mit allen Schwierigkeiten umzugehen, sie mitzuteilen und sich auch helfen zu lassen.

Franziska machte zunächst überhaupt keine „Schwierigkeiten“, sie war anfangs verschlossen und machte alles mit, was wir Anderen wollten. Sie hatte

Freude daran, wenn wir das Haus neu herrichteten und so tätig und nicht niedergeschlagen waren. Wir vier Frauen gestalteten das Haus um: Wir tapezierten, verlegten in den oberen Räumen Klick-Parkett und waren ein Team. Die kleinere Ricarda, sie war da sieben oder acht Jahre alt, versorgte uns Arbeiterinnen mit Brotzeit – köstlich dekoriert und in Häppchen essfertig geschnitten. Das kann sie heute noch gut, und gesundes Essen mit dem entsprechenden Ambiente ist ihre große Vorliebe. Anna, Franziska und ich haben also gesägt, gehämmert und gestrichen, derweil Ricarda uns versorgte. Manchmal haben wir dabei mit Hans, dem Papa geredet und uns gefreut, was er uns alles, wahrscheinlich eher unbewusst, beigebracht hat. Er war ein Handwerker und meine Töchter sind es auch geworden! Da kann man wieder sehen, wie Trauer auch umgewandelt wird, wenn wir das, was der Verstorbene „aus uns herausgeliebt hat“ (ein Zitat von Verena Kast), umsetzen. Das ist eine wichtige Erkenntnis: Hans hat uns viel mitgegeben, was natürlich auch schon in uns vorhanden war, die Freude am Bauen, am Umgestalten, am Garteln. Das ist das Vermächtnis, das er uns übermittelt hat, ja, das, was er selbst so gerne gemacht hat, das machen wir jetzt auch und freuen uns im Bewusstsein, dass wir darüber mit ihm verbunden sind.

Zwei Jahre nach dem Tod von Hans wird Franziska sehr krank. Zunächst ist es eine Grippe, dann eine Bronchitis. Sehr heftig, und nichts hilft, bis sie plötzlich beim Arzt umkippt, blaue Lippen bekommt und der Arzt in höchster Aufregung den Rettungswagen bestellt. Franzis Lippen sind tiefblau und sie japst nach Luft. Ich fahre im Rettungswagen mit, sie bekommt Sauerstoff, und ich bete innerlich und schreie nach innen: „Bitte nicht das noch! Sie darf nicht sterben, bitte nicht!“ Ich bekomme eine Beruhigungsspritze, derweil sie Franziska wiederbeleben und mir sagen, sie habe einen schweren asthmatischen Anfall und ihre Lungenbläschen seien schon umgekippt gewesen. So jedenfalls habe ich das damals gehört und war wieder in dieser merkwürdigen Gefühlsstarre: Es spielt sich alles im Außen ab, mein Innen hat keinen Bezug dazu, nur das Flehen: „Bitte nicht“, das ist panisch lebendig,

Wie ich nach Hause gekommen bin, weiß ich nicht mehr. Franziska musste ein paar Tage in der Klinik bleiben, und wir bekamen die Diagnose „Asthma“. Wie sich erst später herausstellte, war das ein einmaliger Anfall, eine nach innen eingesogene Trauer, ein nicht genügend Luft bekommen, weil sich das wichtige Lebensorgan Lunge, durch das der Atem geht, zusammengezurrt hatte. So deute ich das heute. Ich bin froh, dass dieser Kelch an mir vorübergegangen ist und Franziska Sportlerin wurde und das jetzt als Lehrerin auch vermittelt.

Ricarda, die Jüngste, hat sich sehr an mich, die Mama, gehängt. Das war auch nicht immer einfach, vor allem, weil die zwei größeren Mädchen denken mussten, sie bekämen weniger Aufmerksamkeit. In der Tat, ich war froh, wenn alles einigermaßen glatt ging mit den Mädels, in der Schule oder im Freundeskreis. Ich wollte so wenig als möglich gestört werden in allen meinen Tätigkeiten und war richtig froh, wenn sie mich mit ihren schulischen Dingen in Ruhe ließen. Aber natürlich gibt es immer wieder Momente, in denen ich stark gefordert war, die Belange der Kinder, untereinander als auch mit Freundinnen und Freunden, zu klären. Ricarda war sehr ängstlich und vermutete hinter jedem roten Punkt auf ihrer Haut gleich eine todbringende Krankheit. Alles, was aus der Reihe fiel, war für sie ein Hinweis auf eine bevorstehende Katastrophe. Kam ich einmal etwa später als angesagt nach Hause, war sie schon in heller Aufruhr, ich könnte einen Unfall gehabt haben oder gar schon tot sein. Sie hat ihren Vater tatsächlich am wenigsten lange gehabt, ist aber beruflich in seine Fußstapfen getreten und hat Jura studiert. Heute arbeitet sie als Anwältin und ist darüber, denke ich, sehr mit ihrem Vater verbunden. Er hätte es gerne gesehen, wenn eine seiner Töchter seine Kanzlei weitergeführt hätte!

Die großen Töchter waren ja schon nicht mehr im Haus, sie kamen zwar hin und wieder, und es wurde spürbar, dass wir aus drei Familie zusammengesetzt waren: Ich war das Scharnier, die einzige, die die drei Familien zusammenhielt, und auch das war schwierig. Hans Töchter aus erster Ehe waren nun mit 27 und 25 Jahren Vollwaisen, zwar schon selbständig, aber, wie sie fanden, ohne elterlichen Schutz oder Fürsorge. Ich konnte ihre Trauer nicht auch noch auffangen, im Gegenteil, ich hätte mir mehr Einfühlung für mich und ihre Halbschwestern von ihnen gewünscht und gebraucht. Heute weiß ich, dass es da auch jemanden gebraucht hätte, der sich mit ihnen und ihrer Trauer beschäftigt hätte. So waren sie wohl auch alleingelassen. Ich war als Ehefrau die Erbnachfolgerin und sortierte, sichtete und versuchte Klarheit in die materiellen Hinterlassenschaften von Hans zu bringen.

Meine Tochter aus erster Ehe, Alexandra, zieht entgegen ihren Plänen wieder zu Hause ein, und hilft, gemeinsam mit ihrem Freund Oliver, wo sie kann. Ihr macht zu schaffen, dass viele Leute ihr keine Trauer zugestehen, denn: „Es war doch nur der Stiefvater!“ – Das ist für sie wie ein Schlag ins

Gesicht. Oliver übernimmt dagegen die Rolle des Mannes im Haus, und ich bin froh, dass noch ein männliches Wesen da ist. Er kann schwere Sachen schleppen und die Dachrinne reparieren!

■ Theorie der Trauer: Kindertrauer

Wie bei Erwachsenen auch, ist die Trauer bei Kindern sehr unterschiedlich: Es kann sein, dass man Kindern ihre Trauer im Alltag gar nicht anmerkt, und sie so „übersieht". Oft denken Kinder, sie müssten einfach funktionieren, wenn sie spüren, dass es den Eltern schlecht geht. Sie verhalten sich unauffällig, um die Eltern nicht noch zusätzlich zu belasten. Das kann dazu führen, dass auch Außenstehende ihnen ihre Trauer nicht anmerken, oder gar glauben, sie trauern ja gar nicht. Oder Kindertrauer wird gar relativiert: „Ist ja nicht so schlimm, das wird schon wieder!" ist in diesem Zusammenhang ein absolut unangebrachter Satz, nicht nur Kindern gegenüber.

Diese Verhaltensmuster prägen sich ein, und es besteht die Gefahr, dass spätere Trauer-Ereignisse nicht gut verarbeitet werden können.

Hinweis zum Umgang mit trauernden Kindern: Alles was das trauernde Kind tut, sollte ernst genommen werden. Dem Kind sollte mit größtmöglichem Respekt begegnet werden. Selbst wenn ein Kind „ganz normal" spielt und lacht, so ist seine Trauer stets gegenwärtig. Kinder vor der Trauer abschirmen oder beschützen zu wollen ist kein guter Weg: Sie sollten stets mit einbezogen werden und ihre Fragen ehrlich beantwortet bekommen.

Zu viele Dinge und zu viele Bedürfnisse

So viele Dinge es gedanklich zu organisieren gilt, so viele Sachen gibt es tatsächlich zu managen: Was soll aus Kleidung, persönlichen Dingen, Unterlagen, Möbeln und sonstigem „Kram" werden? Wenn jemand stirbt, hat man das dringende Bedürfnis, persönliche Dinge des Verstorbenen als Andenken um sich zu scharen. Wenn mehrere Menschen ein inniges Verhältnis zum Verstorbenen hatten, lässt sich die Hinterlassenschaft im Idealfall unter allen aufteilen – in der Realität führt diese „Verteilung" allerdings oft zu Unstimmigkeiten und damit zu neuer Trauer. Ich muss zulassen, dass manche Dinge andere bekommen, obwohl ich sie selbst als Erinnerung gerne behalten hätte.

Alles, was Hans von seiner verstorbenen Frau mit nach München gebracht hatte, hatte er bereits seinen beiden Töchtern aus erster Ehe gegeben. Natürlich waren sie damals in der Pubertät gewesen und nicht wirklich interessiert an Kleidung oder an den Dingen ihrer Mutter, die sie vielleicht später gerne gehabt hätten. Vieles ist damals weggegeben worden. Heute weiß ich, dass die persönlichen Dinge einer verstorbenen Person vielleicht erst viel später für die Hinterbliebenen wichtig werden. Gerade bei Kindern und Jugendlichen gibt es mitunter Phantasien über solche Dinge: Da werden kostbare Schätze aus eher unbedeutenden Kleinigkeiten, und hinter manchem Krimskrams wird ein ungeheurer Wert phantasiert. Wenn solche „Schätze" dann nicht mehr da sind, kann das zu einem großen Vorwurf und letztendlich zu einem Zerwürfnis führen.

Als Hans nun 13 Jahren nach dem Tod seiner Frau selbst stirbt, wird es auch für die beiden jungen Frauen, den Töchtern von Hans, eng: sie sind der beiden leiblichen Eltern beraubt und finden mich, die Stiefmutter, verantwortlich dafür, dass ihre Defizite ausgeglichen werden. Die Finanzen sind nachweisbar und genau zu berechnen, aber die können das Loch des Verlustes nicht auffüllen. Es braucht mehr als das Geld.

Es kommt zu einem Zerwürfnis zwischen mir und den zwei Frauen. „Einen Mann kann man ja öfter haben, einen Vater nur einmal", ist wohl der Hintergrund. Ich soll wohl die „Kindertrauer" wichtiger nehmen als meine eigene um meinen Lebenspartner an der Seite, der mir eine fast nicht ertragbare Aufgabe hinterlassen hat.

Theorie der Trauer: Erbstreitigkeiten

Das Bedürfnis nach Anerkennung und Liebe ist meist größer als das, was gegeben werden kann. Es ist utopisch zu meinen, dass dieses Bedürfnis 100%ig erfüllt werden kann. Es bleibt immer etwas offen. Das betrifft generell alle Menschen. Bei Hinterbliebenen kommt der akute Verlust noch hinzu.

Wenn Menschen meinen, nicht genug Anerkennung oder Liebe bekommen zu haben, sind sie stets auf der Suche, wenigstens irgendwelche Gegenstände, sichtbare Dinge zu bekommen, die sie mit dem Verstorbenen verbinden. Damit wollen sie ein bisschen das Defizit auffüllen, das sie haben. Hinter vielen Konflikten, in denen sich Menschen um Gegenstände streiten, ist ein ganz anderes Bedürfnis zu finden: eben das um Anerkennung, gesehen und geachtet zu werden. Häufig liegt diesem Bedürfnis eine sehr frühe Erfahrung zu Grunde – wenn wir hier nicht gelernt haben, uns selbst zu achten und anzuerkennen und stattdessen dies immer wieder von anderen einfordern, werden wir immer unzufrieden sein. Anerkennen, was war, beziehungsweise, was eben auch *nicht* war, haben viele Menschen nie gelernt. Defizite zu betrauern und selbst dafür zu sorgen, dass die Bedürfnisse nun weitgehend durch sich selbst befriedigt werden, ist eine wichtige Aufgabe. Dass sich aber nicht immer alles erfüllt, was ich will oder brauche, das bedarf eines bewussten Trauerns. Das Wissen, dass nicht alles immer 100%ig erfüllt wird, darf nicht zu Vorwürfen führen. Auch mit Defiziten, die ich niemandem zum Vorwurf machen darf, kann ich gut weiterleben. So haben Konflikte, besonders nach dem Tod eines Angehörigen, viel mit Trauer zu tun. Hier ist es angebracht, in einer Mediation die einzelnen Bedürfnisse herauszuarbeiten, um sich nicht vor Gericht auseinandersetzen zu müssen.

Klagen ist besser als Jammern – aber muss man es gleich wörtlich nehmen?

Meine Stieftöchter haben also geklagt, und am Ende war ein finanzielles Polster für sie geschaffen, was ich mir für unsere gemeinsamen drei Töchter auch gewünscht hätte. Es war leider gleich klar: Geld ist nie ein Ausgleich, die beiden waren nicht zufrieden, und es gab keine Versöhnung und auch keinen Kontakt mehr.

Erst 15 Jahre nach Hans' Tod meldete sich die Älteste: sie hatte eine kleine Tochter geboren, Hans' erstes leibliches Enkelkind, das wir alle bestaunten.

Ja, vielleicht schien es für die beiden großen Mädchen so etwas wie Verrat an ihrer Mutter und damit auch an ihnen zu sein, dass Hans und ich unsere gemeinsame Familie vergrößert haben. Heute weiß ich es natürlich besser: Sie hatten es tatsächlich nicht leicht. Sie konnten leider meine Versuche miteinander zu trauern und guten Kontakt zu haben, nicht annehmen. Ich war damals unglücklich, in ihnen keine Verbündeten zu haben, mit ihnen gemeinsam um denselben Menschen trauern zu können, der ihr Vater und mein Ehemann war.

So war ich mit meinen drei Töchtern von Hans und meiner Tochter Alexandra alleine, und ich habe auch alleine versucht, meinen Groll über die Erbstreitigkeit zu verdrängen. Was hätten wir zusammen bewältigen und austauschen können! Später habe ich mit Hans ältester Tochter immer wieder darüber gesprochen, und sie in ihrem Empfinden bestärkt, dass Hans es gut machen wollte – aber gut gemeint ist bekanntlich nicht gut gemacht und schon gar nicht genug. Er hat, wenn wir es genau ansehen, wie alle Väter Gutes und nicht so Gutes für die Beiden getan. Es kommt immer darauf an, nicht nur einen Teil zu sehen, sondern beide. Meistens bleibt man aber an dem defizitären Teil hängen, an dem, was alles nicht war, und was man so gerne gehabt oder auch gebraucht hätte. Das zu verabschieden und versöhnlich damit umzugehen ist eine der Traueraufgaben.

■ Theorie der Trauer: Trauer und Herkunftssystem

Was sich in Erbstreitigkeiten zeigt, sind meist Stellvertreterkonflikte. Etwas war/ist zu wenig, also wird versucht, es über die Hinterlassenschaft nachträglich zu bekommen. Ein Testament kann nur ein Versuch sein, Gerechtigkeit zu schaffen. Wenn kein Testament da ist, in dem der Erblasser seine Hinterlassenschaft aufgelistet und schon zu Lebzeiten verteilt hat, wird es noch schwieriger.

Für mich wird sehr klar, dass wir wenig Wissen und Erfahrung mit dem Umgang mit Familien Systemen haben, und wie wichtig es ist, hier jemanden klärend und versöhnend dabei zu haben. Trauerarbeit darf auch Wut und Enttäuschung zeigen, darf sich beschweren und das Schicksal anklagen. Es sollte aber auch zu einem versöhnlichen Abschluss kommen können. Das geht nur über das Bewusstsein, dass das, was vorbei ist, lediglich „nachgenährt“ werden kann. Es besteht kein Anspruch auf die vollständige Erfüllung der Bedürfnisse durch eine dritte Seite.

Wenn Eltern nicht genügend für die Geborgenheit der Kinder haben tun können, dann ist das sehr traurig. Kinder sollten jedoch niemals ein Recht auf Erfüllung einfordern, denn die Eltern selbst sind auch die Kinder ihrer Eltern, die ihrerseits die Bedürfnisse auch nicht 100% erfüllt bekamen: Wo wollen wir also ansetzen und wen wollen wir verantwortlich machen? Wir können nur jeweils unser eigenes Leben, so gut wir es eben können, leben – die Vorwürfe bringen keine Befriedigung, sondern eher heftige Konflikte. Dass wir trotz der Defizite, die wir als Kinder erleben, weiterleben können und groß werden, heißt, dass es genug Lebenskraft gibt, und die haben wir schließlich auch mitbekommen – von unseren Eltern, dem System, dem Schicksal. Ich verstehe nicht, wie wir immer wieder die Erfüllung unserer Bedürfnisse von Anderen einfordern und beleidigt sind, wenn das nicht passiert, anstatt uns selbst um uns zu kümmern und zufrieden zu sein, nachdem wir das, was nicht erfüllt wurde, mit Trauer verabschieden.

for all
you are one
but
for one
you are alles

2. Der Schock lässt nach – Die Trauer geht erst richtig los

Das erste Jahr – Vermissen, Schuldgefühle und das neue Dasein als Witwe

Bis alle Dinge, die meinen neuen Status als Witwe betrafen, abgewickelt waren, verging ein gutes Jahr. Versicherungen, Bankgeschäfte, der Verkauf der Kanzlei, die Erbfolge usw. haben viel Zeit und Kraft gebraucht. Gott sei Dank hatte ich überall Unterstützer. Der Mann einer guten Freundin versorgte als Anwalt sofort die Fälle, die noch anhängig waren und unterstützte mich im Verkauf der Kanzlei. Er schaute drauf, dass mich niemand übervorteilte – das kann leicht passieren, wenn man energetisch nicht gut drauf ist. Ich bin froh, dass ich ihn als einen so gewissenhaften und für mich sorgenden Begleiter an der Seite hatte. Alleine hätte ich das nicht bewältigen können. Da steht also auch der Abschied aus der Kanzlei an, das Ausräumen der Räume, das Umdrehen jeden Ordners, den Hans in den Händen gehalten hatte. Das war noch einmal wie eine Begegnung mit ihm, Abschiedsarbeit ist auch Erinnerungsarbeit. In seiner Anwaltskanzlei hat er viele Stunden verbracht, hier hat er sich um die Belange fremder Menschen gekümmert und ist ihnen zur Seite gesprungen. Habe ich das eigentlich genügend gewürdigt? Da kommen die Zweifel auf bei mir: hat er denn auch gewusst, dass ich ihn geliebt habe? Das haben wir schon länger nicht mehr ausgesprochen, da war der Alltag immer im Vordergrund: das, was noch getan werden musste oder was eben versäumt worden war. Dabei haben wir beide wohl vergessen, wie wichtig es ist, dem anderen zurückzumelden, wie sehr wir ihn schätzen und lieben.

Ich halte innere Zwiesprache mit ihm: Ich habe es versäumt, dir in all dem alltäglichen Trubel zu sagen, wie wichtig du mir bist, wie ich dich liebe und wie gut es für mich ist, mit dir zusammen zu sein. Starke Schuldgefühle plagen mich nun. Zu der Trauer um den Verlust, dass der Mann an meiner Seite nicht mehr an meiner Seite ist, kommen nun die selbstzerstörerischen Zweifel, die Schuldzuweisungen an mich selbst, das Revue-passieren-lassen der Momente, in denen ich nicht so nett war, in denen ich ihn beschimpft und manchmal sogar verachtet habe. Ich bin neidisch auf andere Paare, denen Zeit geschenkt wird, sich voneinander zu verabschieden, wenn der Tod langsam kommt.

■ Theorie der Trauer: Plötzlicher Tod vs. Tod durch Krankheit

Eine Krankheit bedeutet zwar viel Leid, aber auch Zeit. Wir gehen anders mit Menschen um, wenn wir wissen, dass sie bald sterben werden. Wir sind viel großzügiger mit ihnen und nicht so sehr auf uns bedacht, da können wir vielmehr die eigenen Bedürfnisse hintanstellen. Vielleicht gelingt es dann sogar, die letzten Tage und Stunden mit dem Sterbenden so etwas wie eine Versöhnung hinzubekommen, auch wenn ich eher noch in einer verletzten Starrheit bin.

Wenn der Tod so plötzlich und unerwartet eintritt, gibt es keine Möglichkeit mehr, unsere Beziehung anzusehen und die Defizite darin zu betrauern und aufzuarbeiten.

Ich vermisse Hans. Oder: Als ich nicht ein letztes Mal mit Hans ins Kino gegangen bin

So plage ich mich nun mit dem Gedanken: Hat er eigentlich gewusst, dass ich ihn und wie sehr ich ihn geliebt habe? Wie sehr, das wird mir selbst erst jetzt bewusst. Bei allem Groll, den ich auch immer mal wieder auf ihn hatte, bleibt aber letztendlich ein Gefühl des Miteinander-Verbunden-Seins. Groll hatte ich, weil er eben jemand anderes war als ich und Dinge anders machte und anders bewertete. Trotzdem bleibt aber ein Gefühl der Zustimmung und der Dankbarkeit, dass wir das Leben eine Zeit lang miteinander geteilt haben. In unseren gemeinsamen Kindern wird diese Zeit auch bis in die Zukunft überdauern.

Heute kann ich das gut sehen, und das ist auch ein Zeichen der Umwandlung in der Trauer: es darf alles zu einer Versöhnlichkeit und Dankbarkeit kommen, die Schuldgefühle wandeln sich. Habe ich in der ersten Zeit noch allzu oft zu mir selbst gesagt: „Ach, hätte ich doch, … Wäre ich doch nicht so … oder so gewesen, dann wäre heute alles anders", so wird mir immer klarer, dass es nicht „meine Schuld" ist, sondern dass mir der Alltag die Luft genommen hat. Es war zur Selbstverständlichkeit geworden, dass Hans immer da ist, und ich habe es nicht mehr wahrgenommen, welch großes Geschenk es ist, jemanden an der Seite zu haben – auch wenn das manchmal konflikthaft ist. Auch der Neid auf andere, denen der Partner nicht so von der Seite gerissen wird wie mir, nimmt ab. Mir wird klar: Mit dem Wissen, dass jemand bald stirbt, verhalte ich mich anders! Aber woher hätte ich ahnen oder sogar wissen sollen, dass genau die Zeit vor unserem Urlaub auch unsere letzte gemeinsame Zeit sein wird?

■ Theorie der Trauer: „hätte, hätte…" – Der leidige Konjunktiv

Verantwortung übernehmen für das eigene Tun, auch wenn es sich später als ein Versäumnis darstellt: „hätte, hätte-Fahrradkette" – der leidige Konjunktiv

„Ich hätte sollen …, ich hätte müssen …" sind die Sätze, die das Schuldgefühl hervorrufen. Sie sind die Stützen, die Kabel, die mich mit dem Verstorbenen verbinden. Diese „Verbindungskabel" sind Ausdruck meiner Loyalität zu dem Verstorbenen und sollten nicht gekappt werden. Sie stellen – damit – letztendlich einen Schuldspruch dar, denn ich habe das ja so nicht gemacht. Nun gilt es Verantwortung zu übernehmen und zu hinterfragen, warum ich all das, was mir jetzt einfällt, nicht gemacht habe. Die Frage, warum ich das nicht gemacht habe, gibt meistens Auskunft darüber, welche Gedanken im Hintergrund meines Tuns damals waren. Sie können mich gut entlasten, denn ich kann sehen, dass ich etwas Anderes vorgezogen habe. Dazu sollte ich stehen können und nicht die Schuld bei mir suchen.

Schuldgefühle sind die Gefühle, die quasi im Nachtrag die Beziehung manifestieren sollen: Manchmal sagen die Menschen, Trauer sei „nachgetragene Liebe". Wenn ich jemandem etwas „nachtrage", dann habe ich es zu Lebzeiten nicht geschafft (oder auch vergessen), es ihm oder ihr rechtzeitig mitzuteilen. Oft werden im Alltag scheinbar selbstverständliche Dinge nicht gesagt – erst später merkt man, wie wichtig es gewesen wäre, sich z.B. über Vorstellungen und Werte auszutauschen, um die Beziehung lebendig zu halten.

Ist ein naher Mensch gestorben, kann ich ihn nichts mehr fragen, ihm nichts mehr erzählen, nichts mehr mit ihm austauschen. Das wird mir erst jetzt so richtig bewusst: ich habe es versäumt, mich mit Hans direkter zu verständigen, ihn zu fragen, wie er mich sieht, wie er unsere Beziehung empfindet. Nun bleibe ich zurück, ohne es zu wissen, und ohne es noch jemals in Erfahrung bringen zu können. Das ist ein schreckliches Gefühl – so eines wie: da habe ich versagt. Deshalb suche ich nach meinen Versäumnissen, nach dem, was ich nicht getan habe und werfe es mir selbst vor.

Die zermürbenden Konjunktivsätze wie „hätte ich doch …" machen es schwer, in einer guten Beziehung zu sich selbst zu stehen. Ja, sie verhindern das sogar. Ich muss mit mir selbst versöhnlich sein können und dazu stehen, dass ich es so gemacht habe, wie ich es gemacht habe, und nicht so, wie ich meine, dass es besser gewesen wäre.

Ich stehe heute dazu, dass ich nicht wie ein verliebter Teenager ständig „Ich liebe dich" gesäuselt habe, dass ich nicht immerzu die Bedürfnisse von „meinem Schatz" vor die meinen gestellt habe. Heute weiß ich, dass der Wert des Zusammenseins und des Miteinanderlebens ein hoher ist. Er muss nicht immerzu bekräftigt und kommuniziert werden. Wenn ich das zu oft mache, meine ich, kann das auch der Glaubwürdigkeit schaden.

Und ich muss auch nicht permanent dem anderen etwas „zuliebe" tun: Hans wollte ein paar Tage vor seinem Tod unbedingt mit mir ins Kino gehen. Ich war sehr müde, und daher wollte ich nicht mitgehen. Alleine ist er auch nicht gegangen und blieb darüber traurig zu Hause. Als mir diese Szene nach seinem Tod ins Bewusstsein kam, empfand ich sehr viel Schuld: Ich hatte seinen Wunsch nicht beachtet, sondern war nur meinem Bedürfnis nach Schlaf nachgegangen. Mein-für-mich-Sorgen in diesem Augenblick wird dann als schuldhaft empfunden, wenn der Andere nicht mehr da ist. Ich hätte ihm doch seinen Wunsch erfüllen können, dann wär ich halt im Kino eingeschlafen …

■ Theorie der Trauer: Schuldgefühle in der Trauer

Das heißt: Wir müssen uns immer wieder entscheiden – entweder gehe ich mit ins Kino und bekämpfe meine Müdigkeit, oder ich sage nein zu deinem Wunsch und nehme in Kauf, dass du das nicht gut findest. Wie auch immer ich mich entscheide, es wird immer jemand sein Bedürfnis nicht erfüllt bekommen. In meinem Beispiel ist es Hans, der verzichten musste, damit meine Müdigkeit und damit Ich den Vorrang bekam. Andernfalls wäre mein Bedürfnis nach Schlaf zu kurz gekommen.

Entscheidungen haben für den Moment immer einen Verlierer. Ich kann nicht beide Bedürfnisse gleichzeitig erfüllen. Das heißt auch, dass ich eine getroffene Entscheidung im Nachhinein als Fehler sehen kann. Damit mache ich mich unglücklich. Ich kann es bedauern und sagen: „Es tut mir leid, dass ich deinen Wunsch nicht erfüllt habe, und ich steh dazu, dass ich mich für mich entschieden habe. In dem Moment damals war es so gut für mich." Erst im Nachhinein, in dem Wissen, dass Hans kurz darauf gestorben ist, machte es mir sehr viel Mühe, zu meiner Entscheidung zu stehen: „Wäre ich doch bloß mitgegangen!" Jetzt muss ich die Verantwortung für mein Handeln von damals übernehmen und versöhnlich sein mit mir: das ist die Aufgabe.

Mehr zum Thema Schuldgefühle siehe Seite 111 f.

Gecko auf der Hafenmauer in Punta Delgada, Azoren. Seit einiger Zeit habe ich auch wieder Freude am Reisen – und immer wieder sehe ich dabei Geckos. Ich stelle mir vor, dass Hans bei mir ist (Foto: A. Hessler)

Hans hilft mir unsichtbar

In Griechenland habe ich einen Gecko gesehen – ist er mein verstorbener Mann? Auch in seinem Grabstein ist ein Gecko, der Bildhauer hat ihn dort aufgespürt. Heute noch ist der Gecko für mich ein Krafttier, und ich verspüre jedes Mal ein positives Gefühl, wenn mir einer begegnet.

Auch ein Rotkehlchen begleitet mich im Garten, es fliegt nicht weg, wenn ich mich ihm nähere. Bei solchen Begegnungen frage ich mich immer wieder: Bist du das, Hans?

Gehen wir gemeinsam zum Friedhof an Hans' Grab, habe ich den Eindruck, sogar die Enkelkinder kommunizieren mit ihm. Für meine älteste Tochter Alexandra steht außer Frage, dass die Verstorbenen uns begleiten, und sie hat für jeden in ihrer Familie einen eigenen Schutzengel aus dem Kreise der Vorfahren auserkoren.

Diese Form von Spiritualität ist mir nicht neu, schon als Kind habe ich „Geister“ um mich versammelt und erlebe immer wieder Begegnungen mit Menschen, die „eigentlich“ nicht da sein dürften. Das Bild von „Hans im Himmel“ gibt mir Vertrauen, zumal ich die Idee habe, er könnte – wo und wie auch immer – mit unserem verstorbenen Sohn und meinen Eltern gemeinsam mir zur Seite stehen.

Mit einem meiner Enkel habe ich die „Star Wars“-Sage geschaut: Dort gibt es sogenannte Machtwesen, in die die verstorbenen Jedi-Ritter übergehen, und die sich in Momenten, in denen der Held bzw. die Heldin in Not sind, materialisieren. Ich finde diese Vorstellung wunderbar und wünsche es mir so.

■ Theorie der Trauer: Tod und Spiritualität

Nicht nur in der Kindertrauer ist die Vorstellung von Seelenwesen, von Schutzengeln die die Hinterbliebenen begleiten oder gar beschützen ein nicht zu unterschätzendes Konzept. Der Tod verliert seinen Schrecken für Menschen, die an ein wie auch immer geartetes Leben „danach“ glauben oder auch an Hilfen, die von woanders herkommen, aus einer anderen Welt. Dies kann sich auf ganz verschiedene Arten und Weisen äußern, die meisten Religionen haben dazu ihre jeweils konkreten Vorschläge und Bilder.

Mehr zu Tod und Spiritualität auf Seite 116 f.

3. Stabilisierung – Trauerarbeit mit Jorgos Canacakis

Die Zeit heilt natürlich nicht alle Wunden

Das erste Trauerjahr ist angefüllt mit Organisatorischem – ich hatte nicht viel Zeit zum Nachdenken, oder gar bewusste Trauerarbeit für mich zu machen. Vor allem trieb mich die Sorge um, wie ich die mir gestellte Aufgabe auch finanziell bewältigen sollte. Kann ich das überhaupt alleine schaffen? Die Zeit schien gegen mich zu arbeiten, entgegen der dummen landläufigen Meinung, sie würde alle Wunden heilen. Im Gegenteil: Ich kam überhaupt nicht dazu, meine Wunden zu lecken. Ich nahm dankbar jede praktische Hilfe an, wurde aber wütend, wenn Leute gutgemeinte Ratschläge gaben wie „das wird schon wieder", „du bist so jung, du findest schon wieder einen" oder gar – am schlimmsten – eben „die Zeit heilt doch alle Wunden". Mir schien, dass alle nur wollten, dass ich wieder „normal" funktioniere.

Das tat ich ja auch, indem ich alle Dinge organisieren konnte und sogar die Ärmel aufkrempelte, das Haus renovierte, mich zur Wehr setzte. Ich arbeitete ab September 1993 wieder voll, mein „Trauerjahr" war also offiziell zu Ende – obwohl meine Trauer noch längst nicht zu Ende war. Trauer hat kein Ende! Ich musste trotzdem mit voller Stundenzahl wieder in die Schule gehen. Das hat mich zuerst etwas geerdet, aber dann kam bald die Weihnachtszeit. Manchmal musste ich schnell zur Toilette laufen und dort weinen, denn es sollte keiner merken, wie es mir ging. Aber meine jugendlichen Schülerinnen und Schüler bemerkten meine rotgeweinten Augen natürlich trotzdem. Sie konnten gut darauf eingehen, sie hatten meist mehr Mitgefühl als viele Erwachsene. Meine damalige Schulleiterin meinte nur, dass ich gut daran täte, mich abzulenken. Ja, das geht nur bis zu einem gewissen Grad, dann wird man eben überflutet, vor allem bei solch emotionalen Festen wie Weihnachten. Da gibt es ja den Joseph und die Maria mit dem Kind, eine heile, vollständige Familie also – es ist nicht vorgesehen, dass der Vater (auch wenn Joseph hier angeblich nicht der leibliche Vater ist), nicht dabei sein kann.

Ein entscheidendes Geschenk: Ich entdecke Jorgos Canacakis

So unendlich traurig vor allem das erste Weihnachten war, so habe ich in der ersten Zeit auch viel Zuspruch bekommen, sogar von Menschen, die ich nicht so gut kannte. Eines Tages bekam ich das Büchlein von Jorgos Canacakis geschenkt: „Ich begleite dich durch deine Trauer". Es hat nicht viele Seiten und wenig Theorie, so dass ich es sehr schnell ausgelesen hatte – und sofort gewusst: Das kann ein Weg sein, sich wieder ein bisschen mehr im Leben zu fühlen. Mein Leben fühlte sich wie hinter einer Glaswand an, als ob es gar nicht zu mir gehören würde. Ich hatte Angst, dass mich die Schwere auf Dauer krank machen würde. Ich fühlte mich vom Leben „draußen" ausgeschlossen, nicht mehr zugehörig. Der erste Schock war überwunden, nun wurde mir bewusst, dass mein Zustand als Witwe von Dauer sein würde. Ich fühlte mich „falsch", um mich herum vermeintlich glückliche Paare, auf Partys fühlte ich mich als das fünfte Rad am Wagen. Manchmal hatte ich den Eindruck, dass Menschen mir aus dem Weg gehen würden, weil sie nicht wussten, wie sie mit mir umgehen sollten, andererseits nervte mich manchmal das übertriebene Mitleid – besonders von Männern, deren Frauen dann leicht eifersüchtig zu werden schienen …

Ich verschlang das Büchlein von Jorgos Canacakis noch einmal und stellte fest: Ich lief Gefahr, dass meine Trauer zu sehr über mein Leben bestimmte und mich behinderte, wieder gute Seiten daran zu sehen, und positiv zu empfinden. Jorgos Canacakis spricht von einer „lebenshemmenden Trauer", die in eine „lebensfördernde Trauer“ umgewandelt werden soll. Das war für mich so klar beschrieben, dass ich sehr schnell wusste, dass ich so nicht weiter machen wollte, so weiterleben konnte. Suizidale Ideen sind sehr schnell auch da, in ihnen drückt sich die Schwere der Last aus, die schier unerträglich ist. Wie soll ich weiterleben, wie kann es ohne meinen Mann gehen? Schaffe ich das überhaupt mit den sechs Kindern, und wie soll ich es zusätzlich schaffen, dass es allen einigermaßen gut geht? Wieviel Kraft brauche ich – ich spüre keine Energie mehr und bin müde – müde des Lebens.

Suizidalität – der Ausdruck von *so* nicht mehr weiterleben zu können /wollen

Beinahe alle Menschen, die einen schweren Schicksalsschlag hinnehmen müssen, haben erst einmal diese Gefühle des Nicht-Mehr-Wollens, des Nicht-Mehr-Könnens. Da braucht es mächtig viel Energie, sich dagegen zu setzten: Ja, ich habe diese Kinder zu versorgen und zu schauen, dass sie weiterhin gut ins Leben kommen. Jemand sagte mir, dass es soziale Hilfen gäbe, wenn ich nicht mehr könnte: das Haus und die Versorgung der Kinder würden von der Sozialhilfe übernommen und ich könne mich ruhig in eine Klinik einweisen lassen – ein Nervenzusammenbruch in einer solchen Situation ist ja durchaus nachvollziehbar. Manchmal war der Wunsch, sich tatsächlich einfach gehen zu lassen, sich einfach fallen zu lassen, unerhört groß. Das wäre doch so viel einfacher, jemand anderem alles zu überlassen, sich nicht mehr kümmern zu müssen! Ich erinnere mich noch sehr genau an diesen Widerstreit der Gefühle: Es fühlte sich an wie eine Spaltung in der Persönlichkeit, so, als würden sich zwei verschiedene Anteile in mir heftig streiten. Mal hatte der eine Aspekt viel Gewicht, mal der andere. Letztendlich siegte der Teil in mir, der das Bedürfnis nach Autonomie, nach Selbstbestimmung vertritt. Ich lasse mich nicht fremd bestimmen, ich gehe weder in eine Klinik, noch in den Suizid – ich stelle mich dieser Herausforderung!

Das Büchlein von Jorgos Canacakis hat mir sozusagen den Schups gegeben, mich wieder aufzurichten und die „Waffen" gegen die Unbillen des Schicksals zu ergreifen. So wie Hamlet in seinem Monolog „Sein oder Nichtsein" sich letztendlich entscheidet. Im Anhang des Büchleins waren Seminare aufgelistet, die Jorgos gab, und die Fügung wollte es so, dass es tatsächlich ein Wochenendseminar am nahegelegenen Ammersee gab, das ich sofort buchte. Das war im Frühjahr 1993 – noch kein Jahr nach Hans' Tod. Ich sog alle Sätze und Übungen auf, wie ein trockener Schwamm – es tat so gut zu hören, dass ich klagen durfte und ein Anrecht auf liebevolle Begleitung hatte. Und dass ich auf Menschen traf, die nicht sagten: „Das wird schon wieder!" oder „Du musst ...." oder „lenk' dich ab, und geh wieder arbeiten" oder gar: „Die Zeit heilt Wunden!" Tut sie nämlich nicht, ich muss selbst meine Heilungskräfte aktivieren.

Mein erstes Treffen mit Jorgos und mit meinem „Trauerwesen"

Das Seminar mit Jorgos Canacakis war zugleich Kraft raubend als auch Kraft spendend. Raubend, weil es bis spät in die Nacht ging und wenig Schlaf möglich war, andererseits aber so viele Anregungen gab, die sofort in Energie umgewandelt werden konnten. Jedenfalls wusste ich am Sonntagvormittag, dass ich unbedingt die Weiterbildung zur Trauerbegleiterin bei Jorgos machen wollte, denn das, was *mir* hilft in meinem „See der Plagen", das will ich weitergeben an andere Menschen, die auch in ihrem „See von Sorgen und Nöten" zu ertrinken drohen.

Ich fühlte mich wie Shakespeares Hamlet – ein altes Drama, das immer aktuell ist: Krise ist Chance und Gefahr – Ambivalenz ist also ein bekannter menschlicher Krisenauslöser:

„To be, or not to be – that is the question, whether 'tis nobler in the mind to suffer the slings and arrows of outrageous fortune or to take arms against a sea of troubles“ (William Shakespeare, Hamlet 3. Aufzug, 1. Szene)

„Sein oder Nichtsein, das ist hier die Frage: ob's edler im Gemüt, die Pfeil' und Schleudern des wütenden Geschicks erdulden oder, sich waffnend gegen eine See von Plagen …“

■ Theorie der Trauer: Jorgos Canacakis und das Trauerwesen

Jorgos erzählte von seinem Leben: Er musste als Kind wegen der politischen Einstellung des Vaters mit den Eltern seine Heimat, Griechenland, verlassen – das waren schon seine ersten Verlusterfahrungen. Als Opernsänger hatte er gute Erfolge an allen möglichen Bühnen in Deutschland. Einen besonderen Schmerz erlebte er, als er nach der Geburt seines Sohnes erfuhr, dass sein Sohn bei einer Fruchtwasseruntersuchung im dritten Monat so schwer verletzt worden war, dass er mehrfach behindert auf die Welt kommen würde. Jorgos war bald bewusst, dass sein Sohn Niko niemals „Papa“ zu ihm sagen würde und dass dieses Kind nicht wie andere Kinder sein würde, sondern immer auf Hilfe und Pflege angewiesen sein würde. Dieser Schmerz in ihm war so stark, dass er den Sänger-Beruf aufgab und sich ganz der Trauerforschung und Weiterbildung widmete. Er lernte bei Fritz Pearls Gestalttherapie und verband seine eigenen Trauererfahrungen mit den Forschungsergebnissen aus seiner Heimat Griechenland. Seit 1982 zeigt er in immer neuen Erkenntnissen, wie man Trauer „gesund überstehen“ kann. (Seite 18, Ich begleite dich durch deine Trauer).
Jorgos Canacakis hat dafür das „Trauerwesen“ entwickelt, eine Übung, bei der es darum geht, sich seiner Trauer zu stellen und sich zu fragen: habe ich nicht bereits aus frühester Kindheit Trauer in mir, die mir nun helfen kann? Denn frühkindliche Erfahrungen haben dazu geführt, dass ich unbewusst bereits Bewältigungsstrategien entwickelt habe. Diese gilt es zu finden.

Eine weiße Muschel – oder auch ein Schneckenhaus. (Foto: A. Hessler)

Eine weiße Muschel und ein Blick in die Zukunft

Eine der wichtigsten Übungen im Trauerseminar 1993 war die Begegnung mit meinem „Trauerwesen". In einer Imagination (Erleben innerer Bilder) gingen wir über das „Trauergebirge" in die Wüste, wo wir etwas finden sollten, was unsere sehr frühe, kindliche Trauer zum Ausdruck bringt. In meinem inneren Bild fand ich in der Wüste eine Muschel, eine spindelförmig gedrehte weiße Muschel, die aber ein Schneckengehäuse darstellt, wie ich heute weiß.

Wir sollten dieses „Trauerwesen" an unser Herz und in unser Gedächtnis nehmen und damit in unserem Bewusstsein wieder ins Hier und Jetzt zurückkehren. Was hatte diese Muschel wohl zu bedeuten? Sie war leer und sehr schön anzusehen. Ich spürte bei der Betrachtung eine Enge, besonders im unteren Bereich des Körpers, oben war die Öffnung groß genug. Und plötzlich hatte ich einen „Einfall", eine Erinnerung, die von irgendwoher in meine Gedanken fiel. Ich erinnerte mich daran, dass meine Mutter mir erzählt hatte, wie stolz sie war, von einer Freundin ein weißes Steckkissen mit Schweizer Spitze geschenkt bekommen zu haben. 1945 gab es nicht viel Schönes für Babys, daher machte es sie so glücklich, mich in das Kissen hineinstecken zu können, wo ich es schön warm haben sollte und ich mich auch nicht aufdecken konnte – es war Sommer! Diese Art Steckkissen erlaubten den Babybeinen kaum irgendeine Bewegung, geschweige denn ein Strampeln oder in die Höhe gereckte Beinchen: Von meiner Mutter war es gut gemeint – aber für mich war es eine Einschränkung meiner Bewegungsfreiheit. Vielleicht ist das der Grund, warum ich tatsächlich nicht gerne strample, und z.B. nicht Fahrrad fahren kann oder möchte. Ich hatte weder als Kind noch als Erwachsene Freude an dieser Art der Bewegung!

Nun könnte ich meiner Mama Vorwürfe machen, dass sie mir durch das Steckkissen die Freude an der Beinbewegung genommen hat. Das wäre eine Art von „Verschiebung" und Zuweisung von „Schuld" auf jemand andern. Die Freude meiner Mutter, eine solch schöne Ausstattung für ihr Baby zu haben, in der Zeit nach einem furchtbaren Krieg – wie kann man ihr das vorwerfen? Ich habe mir unbewusst meine Beinfreiheit genommen, indem ich als Kind immerzu tanzen musste, bis alle Hausschuhe „durchgetanzt" waren und meine Mutter eine Ballettschule fand, in die ich dann sehr ehrgeizig und mit großem Ernst ging. Ich lernte alle Positionen und Spagat, Drehungen und Spitzentanz – so, dass sich meine Füße beim Gehen immer nach außen richteten und ich sie lange Zeit nicht gerade nach vorne drehen konnte. Unstrukturiertes Strampeln war mir nach wie vor grauenhaft. Mit dieser Erinnerung gewappnet merkte ich, dass ein Teil meiner Trauer über den Tod meines Mannes leichter wurde. Ich konnte mich nun mit mir als Baby anfreunden, das da steif eingeschlossen war in der Hülle. Ich konnte dieses Baby, das ich selbst war, beweinen und meine kindliche Tanzleidenschaft als Befreiung sehen. Ich fühlte mich nicht mehr so unfähig, mich zu bewegen, weiterzugehen – die Dinge *an*zugehen. Ich hatte einen Teil der lebenshemmenden Trauer, die gar nichts mit Hans' Tod zu tun hatte, umgewandelt in eine lebensfördernde Trauer! Als kleines Kind schon! Ich hatte gelernt: ich kann das ja schon, Trauer umwandeln und in etwas Positives transformieren.

Mein Trauerwesen, die Muschel, die eigentlich ein Schneckenhaus war, aus dem ich es herausgeschafft hatte, mein Trauerwesen hatte mich an meine eigene Kraft erinnert. Mir fiel wieder ein, was für ein Gefühl es war, und wie ich es gemacht hatte, die Energie der lebenshemmenden Trauer in eine lebensfördernde Kraft umzuwandeln.

Diese Erkenntnis und Erfahrung war so überwältigend, dass ich wusste: darin liegt eine ungeheure Kraft. Ich werde und muss diese Erfahrung weiter geben, damit Menschen nicht blockiert werden durch ins Unbewusste abgetauchte Erlebnisse, die immer noch störend wirken, außer, wenn ich sie wie einen Schatz bergen kann. So habe ich diese Übung von Jorgos weiter entwickelt und sehr viel Erfahrung mit dem „Gang über das Trauergebirge“ zu meinem „Trauerwesen“ gewonnen.

Ich reise nach Griechenland und finde neue Wege

Gleich zum nächsten Weiterbildungsblock, der im Februar 1994 beginnen sollte, melde ich mich an. Noch wusste ich nicht, wie ich es sowohl mit den Kindern als auch mit meinem Beruf anstellen sollte, aber ich war wild entschlossen. Im September 1993 begann ich wieder in Vollzeit als Lehrerin zu arbeiten. Ich musste in der Schulbehörde vorsprechen, denn die Ausbildungsmodule lagen leider nicht in den bayrischen Schulferien und fanden zudem während der Woche statt. Ich bin der damaligen Schulaufsicht in München ungeheuer dankbar, dass sie mir diese Ausbildungsmodule ermöglichte. Offenbar konnte ich sie davon überzeugen, dass diese Weiterbildung nicht nur meine gesundheitliche Stabilität wieder herstellen könnte, sondern auch einen Gewinn für meine pädagogische Tätigkeit bringen würde. Besonders erfahrungsreich war der 14-tägige Aufenthalt auf Ikaria (Griechenland) im August 1994, in den Sommerferien. Ich konnte meine Schwester Ulli und meine älteste Tochter Alexandra bitten, die kleineren Kinder zu versorgen, und auch Åsa aus Schweden kam angereist, um bei der Kinderbetreuung der Mädchen zu helfen, die damals zwölf, elf und acht Jahre alt waren. So hatte ich wirklich alle guten Geister bei mir, und ich konnte meiner Trauer auf die Spur kommen. Hier erfuhr ich, dass es eben nicht nur um die eine, die aktuelle Trauer um Hans ging, sondern um alle anderen vorher, noch nicht wirklich verarbeiteten Trauern: Die Trauer um den Tod meiner Eltern, um die Trauer der Scheidung von Rudolf, der Trauer um die Fehlgeburten, der Trauer um nicht gelungene Lebenspläne. Es gibt so vieles zu betrauern, und die Trauer ist eine so umfassende Lebenserfahrung, dass es gut tut, sie genau anzuschauen, sich mit ihr auseinanderzusetzen, ja sie direkt lieb zu gewinnen und willkommen zu heißen. Das Leben wird qualitativ reicher. Die Freude, die natürlich auch von Trauernden erlebt werden kann, hat eine viel tiefer gehende Dimension: sie hat nun einen Gegenpart. Freude ist vor dem Hintergrund von Trauererfahrungen nicht mehr nur eine oberflächliche Spaß-Freude, sondern sie geht tiefer, kann sie doch die „Abgründe“ ausleuchten.

Stillstand aushalten – Mut fassen – aktiv sein

Jorgos Canacacis sagt, dass es keinen Weg an der Trauer vorbei gäbe, sondern nur einen durch sie hindurch. Das war und ist auch mein Motto: Alles, was ich seit dem Tod meines Mannes tat, war, mich mit meiner Situation auseinander zu setzen, mich mit ihr zu befassen und mich selbst mit allen meinen Bedürfnissen kennen zu lernen. Aktiv sein heißt also nicht, möglichst Vieles zu machen, quasi um sich abzulenken oder um der Trauer zu entkommen. Es heißt viel mehr, dass ich mich intensiv mit mir selbst in Verbindung setze und mich mit den Dingen beschäftige, die meine Selbstwirksamkeit erhöhen.

Freilich gibt es zwischendurch immer wieder Zeiten, in denen die Verzweiflung auftaucht, die Überforderung, die Wut und die nicht beantwortbare Frage nach dem „Warum“.

Wir hatten zusammen mit Freunden in einem alten Bauernhof eine Ferienwohnung eingerichtet, eine Oase mitten in den Tiroler Bergen. Hans hatte dort viel restauriert und eine Wasserleitung gelegt. Er liebte diesen Ort, an dem man so gut abschalten und neue Kraft tanken konnte. Natürlich war es auch mühsam: Man musste Holz hacken und den Ofen bedienen, es gab nur ein Plumpsklo draußen am Balkon-Ende. Im Winter war das abenteuerlich. Die Kinder haben es dort sehr geliebt! Auch ich erinnere mich jetzt mit Sehnsucht an das Bankerl vor dem Haus mit Blick ins Gebirge. Der Bach rauscht laut, wenn man da sitzt, und sonst hört man nur den Wind in den Bäumen, und manchmal einen Vogel. Ich musste dieses Kleinod aufgeben, zu selten konnte ich noch dorthin gehen. Es war jedes Mal zu viel Aufwand für mich, alles einzupacken, mit dem Auto dorthin zu fahren, im Winter Schneeketten aufzuziehen und in der Hütte wieder alles in Gang zu setzen, was man für das Wochenende brauchte. Erst als die Mädels selbst einen Führerschein hatten und manchmal mit Freunden hinfahren konnten, entspannte sich mein Bestreben, öfter dort sein zu müssen.

Manchmal war ich so angespannt und gleichzeitig ausgelaugt, dass ich nicht wusste, wie es weitergehen sollte: Ich wollte alles so weitermachen wie bisher und machte noch dazu so viel Neues! Da gab es natürlich Situationen, die an einen Zusammenbruch grenzten.

1999 gab es schließlich eine Art Stillstand. Ich war merkwürdig schlapp und unfähig etwas zu tun. Wenn ich nur die Treppe hinaufsteigen sollte,

Unsere Hütte in Tirol in den 1980er Jahren – von 1972 bis 2007 war sie unser Familiendomizil und Rückzugsparadies, heute ist sie fast verfallen. (Foto: R. Bauer-Mehren)

hatte ich das Gefühl, ich hätte zu viele Mehlsäcke geschleppt. Der Arzt diagnostizierte eine Überfunktion der Schilddrüse mit einem Knoten im rechten Schilddrüsenlappen. Stress war der Auslöser, wie er mir sagte. Es gäbe nur eine Strahlenbehandlung mit 14-tägigem Quarantäne-Aufenthalt in der Klinik oder eine Operation. Eine Operation am Hals: das kommt ja einer Enthauptung gleich! Ich hatte Panik, denn beide Methoden waren für mich ungeheuerlich. Was sollte mit den Kindern geschehen, wenn ich dabei sterben würde? Wie würde mich die lange Isolation verändern? Bei all dem wurde mir bewusst, wie sehr alleingelassen ich mich fühlte: niemand war da, der mir Beistand leisten konnte, niemandem konnte/wollte ich die Kinder anvertrauen – und doch: es musste geschehen. Zu meiner Beruhigung schrieb ich ein Testament, fragte meine Freundin Astrid, ob sie sich kümmern würde und die finanziellen Geschäfte übernähme. Dann musste ich mich entscheiden, wie zwischen Pest und Cholera, so kam mir das vor. Die Vorstellung, dass mir der Hals aufgeschnitten würde, versetzt mich in Panik, aber die Bestrahlung lehnte ich dann doch sehr schnell ab. Der Arzt, der die OP machen sollte, sagte bei dem Vorgespräch, dass er mich nicht operieren würde, wenn ich so viel Angst davor hätte. Er wusste etwas von

Übertragungen, also, dass meine Angst ihn in seiner Konzentration während der OP behindern und dass es dann „schiefgehen" könnte.

Ich bin ihm heute sehr dankbar, dass er dies so eindringlich zu mir sagte. Ich machte mehrere Therapie-Sitzungen, ja ich ging sogar zu einer Rückführungs-Therapeutin. Das war sehr erstaunlich für mich: in nur einer Sitzung kam ich an innere Bilder, die in mir wirkten. Es war tatsächlich der Bezug zu einer Enthauptung. Ich hatte als Kind Bilder gesehen, wie im Mittelalter Frauen enthauptet wurden, weil sie unehelich ein Kind bekommen hatten. Auch die Gretchen-Geschichte aus Goethes Faust erzählt ja davon, sie war mir immer schon sehr nahe. Mit dieser Therapie also konnte ich meine innere Aufruhr besänftigen und mich unters Messer begeben, freilich mit viel Trauer, denn nun sollte ich äußerlich nicht mehr unversehrt bleiben. Es ist alles gut gegangen. Aber die Narbe ist noch immer zu sehen, und jeden Morgen muss ich eine Tablette schlucken. Dass ich diesen weiteren Schock überwunden habe, lässt mich heute sehr gelassen sein: Es gibt immer etwas, was ich tun kann, um mich zu wappnen, wenn etwas Unerwartetes, Unangenehmes auftritt.

„To take arms against the sea of troubles"- „Waffen ergreifen gegen eine See von Plagen", das wird nun mein Wahlspruch! Immer tätig und aktiv sein, sich Hilfe holen, und sei sie noch so absurd für andere. Ich kann für mich sorgen, und mein eigenes System weiß, was es braucht – ich muss nur darauf hören!

Der Lebens-Mut ist wieder da – die Einsamkeit bleibt

Ja, ich bin jetzt allein. Zwar habe ich die Kinder um mich herum, für die ich verantwortlich bin, und für die ich mir wünsche, dass sie glücklich sind – aber ich selbst bin allein. Ich möchte auch glücklich sein! Das ist alles sehr viel, zu viel manchmal, und immer wieder kommen Zweifel auf, ob ich das so will und kann. Freilich, das habe ich *so* nicht gewollt, dass ich das Leben jetzt alleine ohne den Mann an meiner Seite lebe. Bis heute fühle ich mich bisweilen sehr einsam: Es gibt niemanden, dem ich freudig oder auch traurig etwas von meinen Erlebnissen des Tages erzählen könnte, wenn ich nach Hause komme. Als die Kinder klein waren, noch mit mir zusammen im Haus lebten, da erzählten sie mir ihre Geschichten – ich hörte staunend oder belustigt zu. Für mich gab es das nicht, meine Geschichten waren nicht so interessant für die Kinder. Auf der Erwachsenen-Ebene musste ich damit zu Freunden gehen, und wenn ich Glück hatte, waren sie interessiert an mir. Oft allerdings musste ich mir eher deren Geschichten anhören und ich blieb wieder auf der Strecke. Ehepaare, wo beide Partner noch zusammen leben (oder auch nicht), haben viel zu erzählen, was der oder die Andere wieder gemacht hat, wovon man genervt sein muss und was man gerne loswerden möchte. Wissen sie, wie es mir dabei geht? Was würde ich mich auch so gerne über den lebenden Hans aufregen können, was der wieder gemacht oder gesagt hat! Nein, er ist tot, ich kann nichts zum Besten geben, und ich bemerke den Unterschied: Kann ich denn jemals zufrieden sein? Selbst das Schimpfen auf den Partner ist besser als ihn gar nicht zu haben …

Oft höre ich auch den Satz von Frauen: „Da muss ich erst meinen Mann fragen." Können sie das nicht alleine entscheiden? Warum brauchen sie immer den Mann? Ich muss doch auch alles alleine entscheiden: ist das ein Fluch, oder ist das ein Segen?

Es wird immer deutlicher: Alles hat zwei Seiten, wenn man etwas Schlechtes findet, kann man das Gute im Schlechten nicht sehen. Umgekehrt gibt es natürlich auch das Schlechte im Guten, auch das will man oft nicht sehen! Also: was bleibt? Ich muss anerkennen, was ist und wie es ist. Das, was mich stört und ich anders machen kann, das sollte ich tatsächlich anders machen. Das, was schicksalhaft ist, kann ich nicht ändern, das kann ich nur annehmen. Das heißt auch, es würdigen, es nicht immer nur beklagen, sondern als etwas annehmen, was einem auferlegt wird als eine Aufgabe, die es zu bewältigen gilt. Dabei gilt aber auch, dass ich *mich* betrauere, mich besonders mit mir befasse. Ich merke: Es ist etwas anderes als Selbstmitleid, wenn ich um mich selbst trauere. Jemand sagte einmal: „Trauern heißt, zärtlich sein zu sich selbst". Ja, das will ich sein, denn niemand sonst ist es. Die Kinder kommen zum Schmusen, ja, und manche Menschen umarmen mich und sind lieb und aufmerksam. Aber Zärtlichkeit? Wo bleiben diese schönen Gefühle, die alle Sinne wachrufen, wenn es um Zweisamkeit geht?

Und was ist eigentlich mit meiner Sexualität? In den ersten Jahren nach Hans' Tod gab es sie nicht, da war zu viel anderes zu tun und zu denken. Wie hätte ich den Töchtern auch einen anderen Mann ins Haus bringen sollen? Ich wollte nicht wieder diese Erfahrung der Stiefeltern-Situation haben, die hatte ich mit meiner ältesten Tochter Alexandra lange genug erlebt. Ich weiß, dass sie damals auch viel gelitten hat, als ich mich von ihrem Vater trennte. Ich habe erlebt, wie die Töchter von Hans mir gegenüber sehr ambivalent waren. Da spielt auch immer wieder ein schlechtes Gewissen mit: Darf ich das überhaupt, darf ich einen anderen Mann haben, besonders auch, weil der Vater der Kinder ja nicht mehr lebt? Hans kann keine orgiastischen Freuden mehr haben, also darf ich das vielleicht auch nicht mehr? Meine Sexualität ist in einer Art Dämmerzustand, obwohl ich natürlich mit 48 Jahren durchaus noch Bedürfnisse und Lust habe.

Etwa nach drei/vier Jahren entdeckte ich mich wieder in meiner Weiblichkeit und hatte Gefallen daran. Es gab beglückende Begegnungen, in denen ich Zärtlichkeiten und glückliche Momente erlebte. Jetzt, da Hans tot ist, habe ich anfänglich Gewissensbisse. So, als würde er dabei sein und als wäre das ein Verrat an ihm. Später konnte ich das ablegen und mich an den Zärtlichkeiten und an der Ekstase freuen. Aber es brauchte Zeit! Den Töchtern gefielen meine Bekanntschaften, weil sie merkten, dass mir das meine Traurigkeit ein wenig nahm, und weil ich so anders „drauf" war. Später sagten sie einmal, dass sie immer Angst hatten, ich würde allein bleiben und unglücklich sein. Sie seien nicht sicher gewesen, ob sie so ohne weiteres ihr eigenes Leben hätten leben können/dürfen, wenn ich so unglücklich alleine geblieben wäre.

Nun, alleine bin ich geblieben, aber nicht unglücklich! Ich hatte gute und liebe Freunde, und mit einigen war ich auch längere Zeit liiert. Es hat aber nie mehr für mich eine Partnerschaft gegeben, die in ein Zusammenleben mündete. Und sie gibt es bis heute nicht. Das Gefühl darüber ist ambivalent: Manchmal bin ich sehr traurig, sehr einsam, und manchmal bin ich auch froh, besonders, wenn meine Freundinnen Geschichten von ihren Ehemännern erzählen. Dann denke ich: Diese Belastungen habe ich nicht, und ich kann ohne zu fragen mein Leben leben. Allerdings kostet mich das einen Preis: ich bin alleine. Es ist still, wenn ich nach Hause komme, da kommt niemand und umarmt mich. Da kann ich mit niemandem diskutieren, wenn es Neuwahlen gibt oder Nachrichten über Weltereignisse. Ich muss alles mit mir selbst ausmachen. Manchmal kann ich Zeit versetzt mit Freunden darüber reden, nie aber direkt, wenn etwas Wichtiges von außen oder auch innerlich auftaucht. Daran habe ich mich jetzt gewöhnt, und ich kenne gut die depressiven Stimmungen, die mich immer wieder überfallen. Da ist es gut, dass ich für meine Enkelkinder eingespannt werde, dass ich nicht wirklich in eine Depression rutsche.

Die Gefahr ist dennoch jedes Mal groß. Und meine Arbeit tut mir gut – da bin ich immer wieder mit vielen Menschen zusammen. Deren Leid ist zunächst unerträglich – ich kann es nachfühlen und in den Seminaren ein wenig den Schmerz lindern. Jedenfalls sind sie froh, dass sie alles, was sie bedrängt, aussprechen dürfen, ohne dass gleich Ratschläge oder Beschwichtigungen vorgenommen werden. Das, was passiert ist, macht einen erst einmal völlig besinnungslos, und nimmt dem Leben selbst den Sinn – wie soll man da weiterleben? Ich kann mit diesen Menschen gemeinsam wieder einen Sinn im Leben finden. Ich denke, dass in der Trauer die Wiederaneignung der Sinne der wichtigste Schritt ist, der getan werden soll. Wenn ich wie betäubt durchs Leben gehe, bin ich nicht lebendig, dann bin ich auch schon halb gestorben. Unsere Sinne machen unser Leben nicht nur sinnhaft und sinnlich, sie geben tatsächlich einen Sinn. Meine Arbeit gibt meinem Leben also einen neuen Sinn in vielerlei Hinsicht. Auch wenn mir manchmal alles zu viel wird – meine Wirkfähigkeit und die Sinnhaftigkeit meines Tuns hält auch meine Sinne wach.

■ Theorie der Trauer: Die Wiederaneignung der Sinne

Wie findet man nach einem Trauerfall wieder zu Sinnen? Nichts schmeckt, mir ist es egal, ob die Sonne scheint und Blumen blühen oder nicht, ich höre kein Vogelgezwitscher, keine Musik, ich rieche nichts, spüre nichts, fühle mich eingeschlossen wie in einem gläsernen Sarg. Es fällt schwer zu leben, niedergedrückt von der Wucht des Schicksals? Wie soll es gehen, dass mir jemals wieder etwas schmeckt, ich mich über Blumen und Sonnenschein freuen kann? Werde ich jemals wieder aus dieser Sinnen-Taubheit herauskommen?

Das sind die Gefühle und die Fragen nach einem Schicksalsschlag, dem Tod eines nahen Menschen, dem Verlust von Heimat oder Beruf – was auch immer. Im Moment des Erlebens bin ich vom Lebendig-Sein abgeschnitten und muss mich neu finden. Das heißt, alle fünf Sinne müssen wiederbelebt werden: mehr dazu auf Seite 101 f.

Wachstum durch Schmerz

Meine Sinne brauche ich auch, um meinen Schmerz zu fühlen. Der Schmerz, vor allem der seelische, fördert das Wachstum. Das ist schwer zu begreifen. Lieber schlucken wir alle möglichen Pillen, nur um den Schmerz nicht aushalten zu müssen. Ich erinnere mich ganz genau an meine Wachstumsschmerzen in der Kindheit, als die Beine furchtbar wehtaten. Meine Knochen wuchsen in die Länge, nicht viel, ich bin nur 1,60 m groß geworden, aber dafür war es äußerst schmerzhaft. Wer sich daran erinnern kann, der weiß, wovon ich spreche, und er kann damit leichter verstehen, wenn ich sage, dass ein „durch-den-Schmerz-Gehen" Wachstum bedeutet. Der Schmerz ist außerdem der Beweis, dass ich mit allen Zellen lebe, nicht betäubt oder bewusstlos bin. Den Schmerz anzuerkennen gehört zur Trauerarbeit: Trauer ist schmerzhaft, tut weh, sollte aber niemals medikamentös weggesperrt oder gedämpft werden. Je wichtiger ich mich selbst und den Verlust nehme, umso besser kann ich die Trauer umwandeln.

Das dauert natürlich länger als mit Medikamenten. Früher war es üblich, den Trauernden ein Trauerjahr zu gewähren. Allen im Umfeld war bewußt, dass der Trauernde Zeit braucht und man ihn nicht zu irgendetwas drängen kann. Die Trauernden trugen meist eine schwarze Binde am Arm. Als Kind wusste ich damals, dass ich etwas vorsichtiger sein musste, nicht so laut im Bus und ein bisschen mitfühlend. Da war immer so etwas wie ein Funke, der übersprang: Dieser Mensch hat gerade etwas Schweres erlebt, und mein Mitgefühl war bei ihm. Mir scheint dieser Respekt mitunter verloren gegangen zu sein. Es gibt heute kein allgemein verständliches Zeichen mehr, das man an sich tragen kann um zu signalisieren „Ich bin in Trauer". Im Gegenteil: Schwarz ist heute eher die Farbe geschäftiger Business-Menschen, die mir damit zu sagen schienen: Auch du musst schnell wieder funktionieren, wenn du dazu gehören willst! In unserer schnelllebigen Welt ist Mitgefühl und Empathie scheinbar ein Luxus geworden.

Das wurde mir besonders klar in Situationen, in denen ich zu spüren bekam, dass für meine Trauer kein Raum war: auf Festen oder Elternabenden, auf Veranstaltungen mit vielen fröhlichen Menschen, denen ich unmöglich auf die floskelhafte Frage nach meinem Befinden, meine tatsächliche Gefühlslage hätte erklären können. Am liebsten hätte ich auf die banale Frage „Wie geht's?" geantwortet: „Wie soll es mir schon gehen – mein Mann ist immer noch tot!". Natürlich tat ich das nicht, „Jaja, passt schon, muss ja…" solche Dinge sagte ich, um die Leute nicht vor den Kopf zu stoßen. Ich war überzeugt, dass keiner sich von meiner Trauer „die Stimmung verderben lassen" wollte. Manchmal wäre es sicher auch möglich gewesen, zu sagen, wie es mir *wirklich* ging, aber es schien mir einfacher zu sein, es nicht zu sagen. Vor allem „wohlmeinende" Ratschläge wollte ich auf keinen Fall hören. Lieber wollte ich die Trauer mit mir selbst ausmachen.

Trauern heißt anzuerkennen, dass der geliebte Mensch nicht mehr real da ist. Ich kann ihn nicht mehr sehen, riechen oder berühren, auch kommt keine Gegenreaktion, keine Antwort von ihm. Roland Kachler, ein selbst vom Verlust eines nahen Menschen betroffener Psychotherapeut, beschreibt die Traueraufgabe als eine Art Pendelbewegung. Das verstehe ich so: Es gibt die äußere Realität, in der der Verstorbene nicht mehr da ist und eine innere Realität, in der ich den Verstorbenen immer bei mir habe als Erinnerung, zum Beispiel, als jemand, der bei mir ist im Inneren, ja sogar als der, der mich begleitet und berät. Das ist etwas, das ich tun kann: ihm im Inneren einen Platz geben, ihn „verorten". Ich bin immer mit seiner Energie verbunden, die, die ich von ihm bekommen habe, die ich weiterführen und mir zu eigen machen kann.

Ich war und bin häufig mit Hans wie in einem Gespräch, die Antworten tauchen in meinem Inneren auf und meist kann ich mich darauf verlassen, dass es passende Antworten sind auf die Fragen, die ich habe. Ich bin überzeugt davon, dass mir vieles gelungen ist, weil ich Hans als inneren Helfer bei mir wusste. So stellte ich mir zu Beginn oft die Frage, ob und wie ich es finanziell mit dem Haus und der Ausbildung der Kinder schaffen könne. Ich glaube, er gab mir eine innere Antwort: „Du schaffst das!" Dann begann ich ja mit meiner neuen Ausbildung, und merkte, dass auch von außen Input kam. Auf die Idee mit der Mediation hatte mich Hans gebracht, davon bin ich überzeugt – was sich alles daraus entwickelt hat, ist sicher auch in seinem Sinne und steht unter seiner Obhut. Auch für die Kinder war er als väterlicher Beistand metaphysisch immer anwesend. Ich forderte das regelrecht von ihm ein, denn als Vater steht er in der Verantwortung, und muss Fürsorge für sie übernehmen. Das sagte ich manches Mal laut, und heute rede ich immer noch tatsächlich mit ihm, manchmal sogar auf der Straße. Zwar schauen die Leute mitunter dann etwas seltsam, und ich merke, dass ich mal wieder in der transzendenten Welt unterwegs bin. Aber das stört mich nicht mehr, es gehört zu mir dazu, und hilft mir, Entscheidungen zu treffen: Ich stelle Fragen und bekomme Antwort.

Dass die Antwort „von ihm" nun aus mir selbst herauskommt, zeigt meine Verbundenheit mit ihm, meine Übereinstimmung aus der Zeit, in der er real da war und in der er etwas „aus mir heraus geliebt" hat. So sagt es die Psychoanalytikerin Verena Kast. Das Vertrauen in sich selbst wächst durch Beziehung, durch die Übereinstimmung mit einem Anderen, mit der Wahrnehmung der Anteile, die ich bei mir selbst zwar habe, sie jedoch vielleicht nicht bemerkt oder zur Seite geschoben hatte.

Ich bin tatsächlich durch meine Schmerzen gewachsen: Das Metaphysische, das mich umgibt, lässt mich innerlich größer werden. Ich nehme mir für meine neue größere Gestalt Raum, und so stört es mich nicht länger, wenn Leute merkwürdig auf meine „Schrullen" reagieren, wenn ich z.B. auf der Straße laut mit Hans rede. Ich spüre eine neue Größe in mir, die vermutlich schon immer da war – das Metaphysische eben. Der Verlust und die damit verbundene Trauer konnte mir diese Größe erst bewusst machen, macht mich also letztendlich groß und stark.

Scherben einer Säule in meinem Garten. (Foto: R. Bauer-Mehren)

Welche Säulen sind durch den Tod meines Mannes eingestürzt, und welche geben noch Halt?

Ich brauchte Halt. In der ersten Zeit nach Hans' Tod natürlich besonders, aber auch in all den Jahren danach bis heute. Jeder Mensch braucht Halt, mal mehr, mal weniger, und in besonderen Ausnahmesituationen auch besonderen Halt, der nicht mehr nur von innen, von einem selbst kommen kann. Ich habe „Haltung bewahrt" – aber ohne Halt von außen wäre mir das in der ersten Zeit unmöglich gewesen, als mein gesamtes Fundament weggebrochen schien. Es brauchte einige Zeit zu verstehen, dass ich nach dem Tod meines Mannes meine Identität neu ordnen musste, mir neuen Halt suchen musste. Erst im Laufe der Zeit konnte ich in den Trümmern die Säulen des Fundaments erkennen, die die Erschütterung überstanden hatten und noch tragfähig waren. Auf diesen konnte ich mein neues Leben aufbauen, und ihnen neue Säulen hinzufügen, die mich wieder zuverlässig tragen können.

■ Theorie der Trauer: Die fünf Säulen der Identität

Durch den Verlust eines nahestehenden Menschen, eines Kindes oder eines Partners/Partnerin gerät das Fundament der eigenen Persönlichkeit ins Wanken. Ich bin nicht mehr Mutter/Vater oder Ehepartner/in, sondern verwaister Elternteil oder Witwe/r. Damit gibt es einen neuen Aspekt der Identität.

Das Bild der fünf Säulen, das der Psychotherapeut H. G. Petzold in den 1980er Jahren entwickelte, zeigt, welche Aspekte es dabei gibt:

1. Körperlichkeit/Gesundheit
2. Gemeinschaft/Freunde
3. Berufliche Tätigkeit /Berufung (als sinnvolle Tätigkeit)
4. Materielle Sicherheit
5. Werte, Glaube und Spiritualität.

Die fünf Säulen tragen das Fundament der Persönlichkeit, wenigstens zwei davon sollten noch tragfähig sein ...

Ich weiß heute, dass vor allem die vierte Säule unmittelbar nach Hans' Tod arg in Mitleidenschaft gezogen war: Am schwersten war es, meine materielle Sicherheit wieder zu gewinnen. Diese Säule war eingestürzt, weil ich nicht wusste, wie ich für meine dezimierte Familie sorgen konnte, die finanzielle Last schien mir lange nicht tragbar. Meine Körperlichkeit war zwar eingeschränkt, konnte mich aber durch die Zeit hindurch tragen. In guter Weise war ich in Beziehungen und Freundschaften eingebunden, meine berufliche Tätigkeit war sinnvoll und befriedigend (und zum Teil auch finanziell hilfreich), wenn auch nicht immer leicht. Mein Glaube war zunächst erschüttert, aber nicht so heftig, dass ich nur gehadert hätte. Ich wusste immer im Vertrauen auf einen noch nicht fassbaren Sinn, dass das, was ich zu bewältigen hatte, mir letztendlich eine Einsicht geben würde. Diese Einsicht ist tatsächlich die, die ich heute mit großer Freude lebe: Ich kann Menschen in ihrer Not begleiten und mit ihnen gemeinsam die Not wenden, weil es notwendig ist, trotz der Trauer weiter zu leben, oder besser: mit ihr zu leben.

Zunächst war mir nicht bewusst, was und wie mir geholfen werden könnte. Aber es entwickelte sich beinahe wie von selbst, als ich mich auf den Weg machte und spürte, wie der Weg weitergeht, obwohl ich gar nicht wusste, wohin er führen würde! Ich hatte keine Ahnung, was mich erwarten würde, und was als nächstes geschehen würde. Ich ging einfach los.

Am besten ist es, Vertrauen zu haben, und sich im wahrsten Sinne des Wortes trauen zu trauern. Manchmal muss man dem Leben einen Vorschuss geben und darf nicht stehen bleiben. Trotzdem braucht es manchmal auch Ausstiegsgelegenheiten, Möglichkeiten inne zu halten und nachzusinnen. Es braucht Geduld für die Langsamkeit der Entwicklung. Auch das Rückwärtsschauen ist wichtig: In der Vergangenheit liegen so viele wichtige Erfahrungen, die ich mitnehmen und auf meinem Weg brauchen kann. Ich entschied mich also, aus den Trümmern vor denen ich stand, die tragfähigsten Teile auszugraben und die angeschlagenen zu reparieren.

Manche Säulen habe ich vielleicht auch „falsch“ wieder aufgebaut, war zu ungeduldig oder hatte zu hohe Erwartungen an mich und an andere. Insgesamt hatte ich das Glück, dass mir vieles gut gelungen ist, und ich nicht in „Lösungsfallen“ getappt bin, ich sagte allen Selbstzweifeln und Selbstbeschuldigungen ade, ich war und bin kein Opfer, weder durch andere Menschen noch durch das Schicksal. Opfer sein heißt klein sein, nicht selbstbestimmt. Natürlich ist das Schicksal größer als wir Menschen, aber ihm gegenüber muss ich mich nicht ausgeliefert, ohnmächtig fühlen. Ich kann etwas dagegen setzen: “to take arms against the sea of troubles“. Ich siege nicht immer, aber ich kann mich zur Wehr setzen, und lasse mich nicht klein machen.

Meine persönlichen fünf Säulen im Zustand von 1992: Die materielle Sicherheit ist weggebrochen, dafür stützen mich meine Freunde und meine Werte (nach H. G. Petzold, Zeichnung: R. Bauer-Mehren).

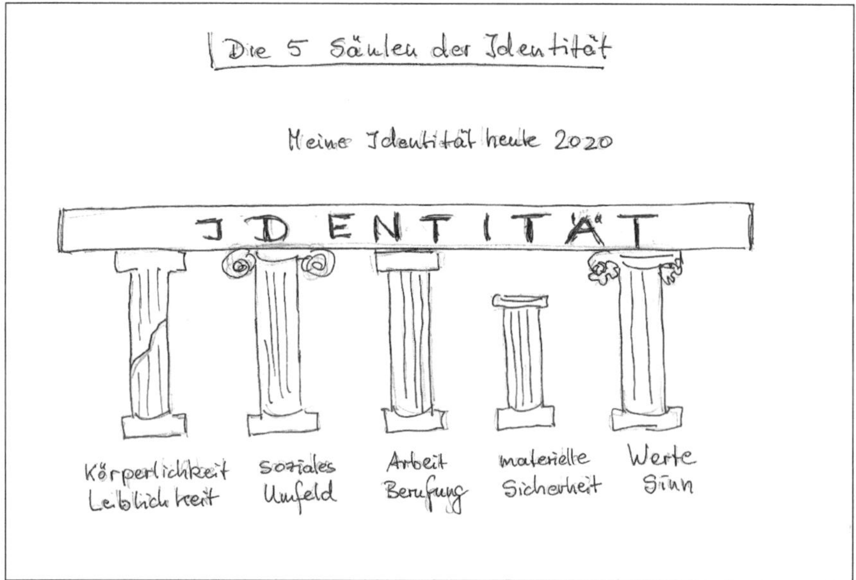

Meine persönlichen fünf Säulen im Zustand von 2020: Die materielle Sicherheit ist immer noch nicht wieder komplett instandgesetzt und meine Körperlichkeit bekommt langsam Risse – aber nach wie vor stützen mich meine Freunde und meine Werte (nach H. G. Petzold, Zeichnung: R. Bauer-Mehren)

4. Power durch Trauer: Ich bin wieder mitten im Leben

Ich bekomme neue Energie und gebe meinem Leben eine neue Richtung

Das Wichtigste, das ich bei Jorgos Canacakis gelernt habe, ist, dass wir die Trauer nicht um-gehen können, dass wir ihr nicht ausweichen können. Wir müssen durch sie hindurch gehen und sie umwandeln – von einer lebenshemmenden in eine lebensfördernde Trauer. Das ist ein Prozess, der am Ende die Integration der Trauer als eine wichtige Lebenserfahrung begreift und in der Biographie einen anerkannten Platz einnimmt. Sigmund Freud erfand den Begriff der „Trauerarbeit“, also einen immerwährenden Bezug zwischen Trauer und Arbeit. Die Arbeit ist kein kurzlebiges Tun, sie währt ein Leben lang. Es gibt bei der Trauer kein Rentenalter, und auch als Rentner oder Rentnerin sind wir tätige Menschen – hoffentlich!

Mit all den neuen Erfahrungen, die ein wahres Energie-Feuer bei mir entfachten, traf ich Vera, die bei der ARCHE in München arbeitete. Die ARCHE ist die Anlaufstelle für Menschen in Krisen und dient der Suizid-Prävention. Ich kannte Vera, weil ihr Sohn mit meiner Tochter Franziska zusammen in die Grundschule gegangen war. Sie fragte mich, ob ich nicht einmal einen Vortrag mit meinen neu gewonnenen Aspekten zum Thema Trauer gestalten wollte. Ja, das wollte ich natürlich sofort! Und so begann meine Arbeit bei der ARCHE: Ich konzipierte ein Konzept für eine Trauergruppe und leitete ab Oktober 1994 das erste Trauerseminar. Es waren alles Menschen, die jemanden durch Suizid verloren hatten, also ein besonders schwerer Hintergrund der Trauer. In meinem ersten Kurs waren 12 Teilnehmer, von denen ich sehr viel gute Rückmeldung bekam. Es entwickelte sich daraus und aus den folgenden Seminaren eine eigene Gruppe mit dem Namen „Mitten im Leben“. Diese Gruppe wurde später ein eingetragener Verein. Sein Ziel ist es, auf eine niedrigschwellige Weise Suizid-Hinterbliebenen Mut zu machen.

Einige Seminar-Teilnehmerinnen hatten die Idee nicht nur für die Hinterbliebenen etwas zu tun, sondern besonders auch für die „Fachleute“ wie Ärzte, Psychologen und Bestatter. Diese haben zwar viel theoretisches Wissen über den Suizid, aber meistens keine eigene Erfahrung damit. Wir hatten den Eindruck, dass sie oft über die Köpfe der Betroffenen hinweg meinen zu wissen, was die Hinterbliebenen brauchen und wie man mit ihnen umgehen muss. Wir luden also gezielt Psychiater, Therapeuten, Bestatter, Krankenversicherer, Lehrer, Polizisten und Pfarrer ein und hofften sogar, dass das Thema Trauer und Suizid auch in der Politik Fuß fassen würde. Leider wurde unser Forderungskatalog nicht oder nur sehr dürftig umgesetzt. Wir gaben ihn schön gestaltet den Vertretern der jeweiligen „Zunft“ als Bitte, diese Forderungen umzusetzen. Immerhin als einen Erfolg verbuchten wir, dass die Polizei eine Ausbildungseinheit mit unseren Anregungen neu konzipierte: „Wie überbringe ich eine Todesnachricht?“ Und vielleicht konnten und können wir etwas mehr Bewusstsein dafür wecken, wie wichtig Trauerverarbeitung ist, damit nicht noch Schlimmeres mit den Hinterbliebenen passiert. Die Gesundheitspolitik sieht jedenfalls noch immer keine Notwendigkeit, Trauerseminare und Trauerbegleitung als eine Präventivmaßnahme zu finanzieren. Aber die Teilnehmerzahlen für meine Seminare nahmen trotzdem kontinuierlich zu!

Ich machte nun also zweimal im Jahr jeweils ein Trauerseminar an zehn Abenden, jeweils zwei Stunden lang. Woher ich die Kraft dafür neben Kindern, Haushalt und Beruf nahm? Nun, ich hatte es wohl tatsächlich geschafft, meine Trauer in pure Energie umzuwandeln!

Heute kann ich auf einen großen Erfahrungsschatz zurückgreifen, wenn ich mit Trauernden zu tun habe. Ich weiß aus eigener Erfahrung, wie wichtig es ist, Trauer genau anzuschauen, sie zu würdigen und sie als einen wichtigen Begleiter im Leben wahrzunehmen, der sogar Energie geben kann.

Hans' Vermächtnis: Mediation – und wie ich das Thema Trauer darin finde

Hans war als Rechtsanwalt einer der ersten Mediatoren (Konfliktberater) in München. Er liebte diese Art der Konflikt-Auseinandersetzung mehr als gerichtliche Verfahren. Durch seinen Tod hat er in mir den Funken gezündet, diese, seine Arbeit weiterzuführen, also auch Mediatorin zu werden. Ich lernte Mediation bei Tilman Metzger, der dem Bundesverband Mediation angehörte. Da ich als TZI-Erfahrene (= themenzentrierte Interaktion, eine pädagogische Methode der Gruppenleitung), gut auf die Dynamik einer Gruppe achtgeben und sie ansprechen konnte, vereinbarten wir sehr schnell eine Zusammenarbeit. Nach einiger Zeit wurde ich selbst Ausbilderin beim Bundesverband Mediation und leitete mit Tilman Ausbildungsgruppen. Natürlich half mir das, was ich in der Mediations-Ausbildung gelernt hatte sehr viel in schulischen Konflikten – ich arbeitete ja auch immer noch als Lehrerin. Ich konnte helfen, mit Konflikten anders umzugehen. Ich schöpfte dabei aus meinen Erfahrungen als Alleinerziehende – das war ich ja auch schon nach meiner Scheidung gewesen, und nun wieder mit noch mehr Kindern. Dass ich selbst so viel durchlebt hatte, konnte Menschen in ähnlichen Situationen überzeugend Mut machen.

Was mir am Konzept der Mediation besonders gut gefiel: Es geht darum, dass niemand aus einem Konflikt als Verlierer herausgehen muss, sondern dass es einvernehmliche, sogenannte Win-win-Lösungen geben kann. Ein guter Mediator zeigt den Konfliktpartnern ihre eigenen Bedürfnisse und wie sie diese auch ohne den anderen befriedigen können. Es geht also um eine „Befriedung" der Bedürfnisse, um ein „Frieden finden mit sich selbst", nicht um Recht haben. Wenn unerfüllte Bedürfnisse lange im Unterbewusstsein verborgen liegen, werden sie an der Oberfläche als lebenshemmende Defizite wahrgenommen. Oft fordern Menschen dann von anderen ein, solche unbefriedigten Bedürfnisse zu erfüllen.

Mir kam der Gedanke, dass es umso schwieriger wird, mit Konflikten umzugehen, je weniger sich jemand über nicht-betrauerte unerfüllte Wünsche bewusst war. Denn wenn ein unerfüllter Wunsch nicht betrauert wird, sondern zu jemand anderem verschoben, entsteht ein Konflikt. Über den Zusammenhang zwischen Bedürfnissen und Konflikten schrieb ich mit meiner Kollegin Anja Köstler sogar ein Buch: „Der Konflikt weiß alles besser" (Stuttgart 2012). Der Kernsatz dieses Buches ist: Konflikte sind die Kinder unerfüllter Bedürfnisse und nicht-integrierter Trauer.

So also habe ich die Themen „Konflikt" und „Trauer" zusammengebracht. Heute lege ich bei der Konfliktarbeit sehr viel Wert darauf, einen Trauerprozess anzustoßen, damit Konflikte nachhaltig gelöst werden können.

Ich bringe alles unter einen Hut

Ich hatte so viel Input bekommen, dass die Ideen nur so aus mir heraussprudelten: ich brachte Mediation mit Trauerarbeit in Verbindung und verwob das Ganze mit dem Enneagramm nach Hans Neidhardt (mehr dazu auf Seite 98 f.). Meine Erfahrung daraus war, dass frühkindliche Defizite „nachgenährt" werden wollen. Wenn jeder danach strebt, seine Defizite von jemand anderem aufgefüllt zu bekommen, gerät er in einen Konflikt. Er glaubt dann, dass ein Anderer das Nicht-satt-geworden-sein befriedigen muss. Das ist aber ein Trugschluss: niemand füllt mein altes Defizit auf! Ich selbst muss anerkennen, dass ich damals, als ich ein Kind war, nicht alles, was ich brauchte, zu 100% bekommen habe. Das sollte ich betrauern und nun dafür sorgen, dass ich es selbst nachnähre.

Mein persönlicher Ausgangspunkt: Erinnern Sie sich noch an mein „Trauerwesen" (auf Seite 51 f.), an mein Steckkissen, in dem ich als Baby eingewickelt war? Mein Grundbedürfnis, mich so bewegen zu können, wie ich wollte, war eingeschränkt. Ich konnte mich nicht zur Wehr setzen, ich musste diese Behinderung in meinem Lebensgefühl hinnehmen und erwarb so ein Defizit, ein „Loch" in meinem Bedürfnis nach Bewegungsfreiheit und letztlich nach Selbstbestimmung. Dieses verstärkte sich noch, als ich mich schon kletternd und laufend fortbewegen konnte, mit etwa eineinhalb bis zwei Jahren. Da ich ein sehr lebhaftes Kind war, musste meine Mutter mich mit einem „Halfter" um die Brust am Bettchen festbinden, damit ich nicht aus dem Bett fiel, womöglich herumspazierte oder die Treppe herunterfiel, wenn sie weggehen musste. Für sie war das eine wichtige Sicherheit: Mir sollte während ihrer Abwesenheit nichts passieren, denn meine Schwestern hätten mich nicht bändigen können. Für mich war das wiederum eine Einschränkung meiner Bewegungsfreiheit, also wieder ein Eingriff in meine Selbstbestimmung, in meine Autonomie. Ich musste ein Gegenmittel finden: Ich zog und zerrte und schaffte es schließlich, das Bettchen mit seinen Rädern so fortzubewegen, dass ich doch noch wenigstens zur Türe hinausschauen konnte! Ich habe also jedes Mal, wenn ich eingeengt wurde, Möglichkeiten entwickelt, doch noch etwas selbstbestimmt zu erreichen – mit viel Kraftaufwand freilich. Also entwickelte ich wegen des Defizits eine andere Fähigkeit: sie ist nun mein Muster und heißt: „Ich muss stark sein!" Denn dann kann ich trotz Einengung zu dem kommen, was ICH will! Dieses Muster, im Enneagramm, durch die Acht repräsentiert, hat mir dann letztendlich auch geholfen, den Schicksalsschlag, den Tod meines Mannes, mit Kraft und Starksein zu überstehen.

Im Enneagramm zeigt jede Zahl auch eine Richtung für die nötige Entwicklung an. In meinem Fall wies die Acht auf die Zwei. Das Muster Zwei heißt: „Um geliebt zu werden, muss ich anderen helfen". Das bedeutete also, dass ich erst anderen helfen musste, um selbst zu lernen, wie man Hilfe bekommt. Ich kann nur Hilfe holen, wenn ich mich mit anderen Menschen verbinde, zum Beispiel, indem ich ihnen helfe. Und tatsächlich, es klappte, und ich konnte und kann anderen Menschen hilfreich zur Seite stehen. Jede Art von Bevormundung oder Einengung aber wird mich auch heute noch verärgern und wütend machen. Deshalb funktioniert es mit dem Hilfe holen immer noch nicht wirklich. Also: Je mehr und besser jemand über sich selbst und seine Defizite Bescheid weiß, umso authentischer kann er leben und sich selbst verwirklichen. Er muss keine Verschiebungen vornehmen, niemand anderen verantwortlich dafür machen, wenn etwas im Leben nicht glückt.

Ich habe trotz oder wegen der Trauer um den Verlust meines Lebenspartners mein Wissen um die menschlichen Schwierigkeiten im Leben durch weitere Studien und Erfahrungen in verschiedenen Weiterbildungen vergrößert. Ich machte viel Aufstellungsarbeit bei der Münchner Therapeutin

Hannah Gaugler. Ich wurde systemischer Coach und studierte Schulpsychologie an der LMU in München. Daneben besuchte ich Kurse in Gestalttherapie und Gesprächsführung nach Marshall Rosenbergs Konzept der „Gewaltfreien Kommunikation". All das konnte ich nicht nur in meinem Beruf als Lehrerin gut umsetzen, sondern auch in den Trauerseminaren, die ich seither gebe.

1999 gründete ich mit Karina Kopp-Breinlinger das Münchner Institut für Trauerpädagogik M.I.T. – Wir entwickeln unser Konzept beständig weiter, und gestalten aus unseren Erfahrungen und Erkenntnissen heraus immer wieder Übungen für unsere Seminare und Fortbildungen. Inzwischen haben wir den Bundesverband Trauerbegleitung e.V. (BVT) nach einer langjähriger „Arbeitsgemeinschaft Trauerbegleitung" mitbegründet.

In der Arbeit mit trauernden Menschen konnte und kann ich auf Augenhöhe mit ihnen alles besprechen, was sie und mich beschäftigt. Ich kann empathisch mitschwingen und verstehen, was sie aufreibt und finde mich selbst und meine Trauer auch in ihnen wieder. So war und ist die Beschäftigung mit fremder Trauer immer auch die Beschäftigung mit der eigenen Trauer: Ich bin mit den Trauernden zusammen eingebunden in ein großes Ganzes, in eine Bewusstheit über das, was schicksalhaft eine größere Dimension des Menschseins ausmacht. Das stärkt einander und stabilisiert wieder den Boden unter den Füßen, so dass neue Schritte gewagt werden können.

Hierbei ist es freilich wichtig, über meine eigene Trauer gut Bescheid zu wissen. Sie würde in der Arbeit mit den Trauernden im Weg stehen, ihre Gefühle wahrzunehmen. Das heißt, erst wenn ich mir selbst und meiner eigenen Trauer auf die Spur gekommen bin, wenn ich sie einordnen kann und wenn sie mich nicht mehr ganz und gar aus der Fassung bringt, dann kann ich auch mit meinem Wissen andere Menschen begleiten.

Trauernde, die einen nahestehenden Menschen durch Suizid verloren haben, haben mir nun über viele Jahre hinweg Abgründe, Schrecken, Herausforderungen in ihrem Leben und im Leben des Verstorbenen gezeigt. Das Plötzliche und das „von-einer-Minute-auf-die-andere-ist-alles-anders" ist mir sehr gut vertraut. Die Stunde Null und deren Energie beschäftigt mich in besonderem Maße. Der plötzliche Tod von Hans, der Schlag aus dem Nichts in meinen Lebensplan: Ich muss mich neu in einer anderen Lebensgeschichte orientieren, ja das ganze Leben neu gestalten, mich neu identifizieren als Witwe, als alleinstehende Mutter – von einer Minute auf die andere, herausgerissen aus einem Lebenskonzept, das bisher Stabilität und Sicherheit versprochen hatte – alles vorbei und zunichte gemacht. Es geht tatsächlich um mich, um mein Weiterleben, darum, wie es gehen kann mit dem Verlust zu leben und sich darauf einzulassen, neu zu beginnen ohne das, was geschehen ist, zu verdrängen oder zu leugnen.

Ein Vierteljahrhundert danach

Inzwischen ist viel Zeit vergangen, 25 Jahre, ein Vierteljahrhundert! Meine Töchter sind verheiratet und haben Kinder. Weihnachten kommen alle zu mir zum Gans-Essen. An Weihnachten 2013 habe ich mit meinen Töchtern gemeinsam darüber gesprochen, was sein wird, wenn ich sterbe. Das hat mir, trotz aller Trauer bei den Töchtern und bei mir, viel Sicherheit gegeben, dass ich gut gehen kann, wenn es soweit ist. Natürlich war da auch eine Patientenverfügung dabei, und ich empfehle jedem Menschen, das sofort zu tun, egal wie alt er oder sie ist. Es kann jederzeit ein Unglück passieren, und die Angehörigen wissen nicht, was die Mutter oder der Vater wollte. Ich habe schon mehrere Mediationen mit Geschwistern gemacht, die sich wegen einer nicht vorhandenen Verfügung heftig streiten mussten. Eine Verfügung zu veranlassen heißt ja nicht, dass ich bald sterben werde, es heißt nur, dass allen Menschen dann klar ist, was ich will. Da ist wieder mein Selbstbestimmungsrecht, meine Autonomie. Die Angst vor dem Tod schwächt, sie führt dazu, dass man dem Tod mitten im Leben nicht ins Auge schauen mag. Genau das aber macht noch mehr Angst vor dem Tod. Die Angst zu meistern heißt, ihr ins Auge blicken, so wie die griechische Göttin der Jagd, Artemis, sagt: „Du musst das Weiße im Auge des Ebers erblicken, um ihn zu bändigen“. Das heißt, dass du die Angst anschauen sollst, sie ist da, damit du Sicherheit erlangst. Im Weglaufen folgt sie dir und wird immer monströser!

Durch meine Kooperation mit dem Bestattungsinstitut AETAS in München (AETAS Lebens- und Trauerkultur) ist mir der Tod mittlerweile gut bekannt und fast ein Vertrauter, dem ich beinahe täglich begegne. Ich erlebe ihn als selbstverständlichen Partner des Lebens. Nur mit ihm wird ein Leben vollendet – im wahrsten Sinne des Wortes. Und er hat es verdient, dass man ihn würdigt, und ihm einen festen Platz im Leben gibt. Ich mag es, wenn Trauernde kleine bedeutsame Dinge tun: eine Blume ins Grab werfen, ein Erinnerungsstück fühlen, ein Denkmal setzen. Das alles würdigt den Verstorbenen – und seinen Tod.

Ich kenne den Platz schon, an dem ich beerdigt sein werde, ich habe auch schon verfügt, mit wem die Beerdigung durchgeführt wird, und ein paar Wünsche habe ich beigemischt. Das macht mir ein gutes und sicheres Gefühl – und meinen Töchtern auch.

Teil 2: Leitfaden für Leidfragen

1. Warum Trauerarbeit? Und was gehört dazu? Wenn Lebenspläne plötzlich zerstört werden

Die meisten Menschen gehen davon aus, dass sie ihr Leben planen, damit die Dinge, die sie geplant haben, dann auch so eintreten. Das ist ein Trugschluss – denn ein Plan ist eben nur ein Plan, eine Blaupause, und kein Garant für den Lauf des Lebens selbst. „Der Wunsch ist der Vater des Gedankens“ sagt man gemeinhin, und dies trifft auf nichts so gut zu wie auf Lebenspläne. Der Wunsch nach einem geplant ablaufenden Leben führt viele Menschen überhaupt erst dazu, das Leben planen zu wollen. So wollen sie sicher sein, auch gut „vorbereitet“ zu sein. Dabei bedenken viele Menschen nicht, dass auch der beste Plan nicht verhindern kann, dass es anders kommt, als man denkt.

Oft entsteht Trauer aus eben dieser Erkenntnis: wir können das Leben nicht „machen“, wir können es „leben“, oder besser noch „erleben“, und am Ende steht unweigerlich der Tod.

Das heißt, dass wir uns von der Idee der „Machbarkeit“ verabschieden müssen. Dieses wird vielen Menschen erst in dem Moment bewusst, wenn etwas Unvorhersehbares, Ungeplantes oder Unerwünschtes eintritt, wie ein plötzlicher Todesfall, eine Kündigung, eine Trennung oder eine schlimme Diagnose. Alles „Schockmomente“, in denen klar wird, dass einem die Selbstbestimmung über das eigene Leben aus der Hand genommen wurde.

In all diesen Situationen sind wir mit Trauer konfrontiert. Trauer ist also eine wesentliche Begleiterin in allen möglichen Lebenslagen und Lebensphasen. Wir sind ständig von Trauer begleitet, denn jede Entscheidung für etwas, ist auch eine Entscheidung gegen etwas, und jeder Tag ist ein Schritt auf dem Weg zu unserem Tod. Allein diese Erkenntnis anzuerkennen heißt, Trauer zuzulassen und zu würdigen.

Bestattungen und Rituale rundherum oder: „Das letzte Fest" – Beerdigungen gut gestalten

Nirgends kann Trauer so schön gewürdigt werden, wie auf einer Beerdigung. Im bayrischen Sprachraum redet man nicht ohne Grund gerne von „einer schönen Leich". Rituale im Zusammenhang mit Sterben, Tod und Beerdigung werden von Anthropologen und Volkskundlern mit besonderer Intensität beschrieben und erforscht: Grabbeigaben, Bestattungszeremonien oder Knochenfunde erzählen uns von anderen oder längst untergegangenen Kulturen.

Rituale können aber noch mehr. Es sind symbolische Handlungen, die eine andere Seite im Menschen bewegen, anders als Vorträge oder ungeordnete Treffen. Sie bewirken nicht im Kopf etwas, sondern im Herzen und in der Seele. Sie können andere Kräfte mobilisieren und können jedoch, wie z.B. im Dritten Reich, auch missbraucht werden. Rituale sind für die gemeinschaftliche Verarbeitung von Trauer besonders wichtig.

Sie können das, was für uns unbegreiflich ist, was wir mit dem Verstand nicht erfassen, auf einer anderen Ebene würdigen und so Unfassbares fassbar machen. Rituale spielen in allen Völkern eine Rolle, vor allem in Situationen, zu denen wir einen spirituellen Zugang brauchen.

Das „Letzte Fest", sich die eigene Beerdigung vorzustellen, macht ein gutes Gefühl. Hierzu haben Nicole Rinder und Florian Rauch vom Bestattungsinstitut AETAS in München ein Buch mit dem Titel „Das letzte Fest" geschrieben. Ihr Fazit: Ich muss nicht alles für das letzte Fest voraus planen, bestimmte Dinge wollen auch die Hinterbliebenen selbst gestalten. Aber dass es ein „Fest" sein sollte, steht für sie außer Frage. Und Feste in Zusammenhang mit Trauer kann vielleicht die trauerfeindliche Einstellung in unserer Gesellschaft mildern. Zu oft meinen die Menschen, dass Trauer etwas ist, das niederdrückt, und deshalb niedergedrückt werden muss – ich denke, das Gegenteil ist der Fall.

Es ist den meisten Menschen ein besonderes Anliegen, den Abschied von einem geliebten Menschen gut zu gestalten. Das tun wir ausführlich wenn jemand umzieht oder für längere Zeit ins Ausland geht. Erst recht sollten wir uns also Gedanken machen, wie wir einen verstorbenen Menschen verabschieden wollen. Noch immer meinen viele Angehörige, dass die Einbettung und die Verabschiedung am besten von den „schwarzen Männern" vorgenommen werden solle. Fritz Roth, ein Bestatter aus Mönchen-Gladbach, beschreibt, dass die Dienstleister seines Bestattungsinstituts tatsächlich oft so genannt werden.

Florian Rauch, der das Bestattungsinstitut AETAS in München leitet, geht neue Wege, indem er die Hinterbliebenen darin bestärkt, möglichst viel mit und am Verstorbenen zu tun: Waschen, Anziehen, selbst die Feier gestalten, Rituale gestalten, die vielleicht ungewöhnlich sind, den Sarg bemalen und Vieles mehr. Manchmal bedarf es großer Überzeugungskraft, das, was getan werden muss, auch selbst zu tun. Immer noch kursieren die merkwürdigsten Überzeugungen, zum Beispiel: „Ich will meinen Mann so im Gedächtnis behalten, wie er im Leben war und nicht als Toten.“ – „Tote anfassen darf man nicht, weil sie giftige Ausdünstungen haben …“ und vieles mehr.

Mehr Aufklärung und Begleitung in der Zeit zwischen dem eingetretenen Tod und der Bestattung sind notwendig. Wir wissen, dass die Hinterbliebenen den Verlust besser verarbeiten, wenn sie den Toten als Toten gesehen haben und noch etwas für ihn tun konnten – und sei es, ihm/ihr das Haar zu kämmen. Das Wegsperren und die Idee, ihn so „lebendig“ in Erinnerung behalten zu können, wird sich später als Schwierigkeit erweisen: ist der/die Verstorbene eigentlich WIRKLICH tot? Wenn ich meinen Mann gerade noch lebend, vielleicht nicht mehr ansprechbar im Krankenhaus, aber dennoch atmend, gesehen habe und dann nur noch eine Holzkiste mit einem Deckel darauf vor mir sehe, kommen doch Zweifel auf: ist es wirklich er, der darin sein soll? Wer weiß, wie er wohl jetzt aussieht, was sie mit ihm gemacht haben … Ich habe viele Hinterbliebene betreut, die später gesagt haben, wie schade es sei, ihren Angehörigen nicht mehr tot gesehen zu haben, und dass ihnen da tatsächlich etwas fehlt. Die Phantasien, er könnte doch nicht tot sein, sondern irgendwo anders leben, oder die Idee, wie schrecklich er wohl ausgesehen haben mag, besonders nach einem Unfall oder Suizid, beschäftigt die Menschen nachhaltig. Diese Phantasien werden zu Monstern und beeinträchtigen einen gesunden Trauerverlauf.

Alle Menschen müssen sterben, also müssen auch alle Menschen beerdigt werden. Zu sehen und zu erleben, wie jemand verabschiedet wird, ist beruhigend für alle Anwesenden, wenn sie zusammen stehen und sich gegenseitig stützen. Neben dem Schmerz des Verlustes erleben die „Festgäste“ auch Achtung und Würdigung des Verstorbenen. Und damit auch des Lebens – denn hätte er gar nicht erst gelebt, gäbe es auch nicht dieses Beerdigungs-Fest. Das macht ein beruhigendes Gefühl, auch wenn es schmerzt. Dankbarkeit und Freude haben Platz, und selbst schwierige Menschen verdienen am Ende Versöhnliches.

Wenn Menschen andere Menschen, z.B. Freunde, von der Beerdigung ausschließen, so ist das nach meiner Auffassung ein schweres Vergehen. Es macht eine Art Besitzanspruch auf den Verstorbenen deutlich. Niemand „besitzt" einen Menschen, und im Tod erst recht nicht. So war ich sehr traurig und enttäuscht, als ich nicht verständigt wurde, als ein guter Freund von mir starb. Die Witwe hatte mich ausgeschlossen – das finde ich nicht nur mir gegenüber ein Vergehen, auch der Tote wird an der Stelle nicht wahrgenommen: da stehen ausschließlich die eigenen Vorstellungen und Bedürfnisse (der Witwe in diesem Fall) im Vordergrund. Wie schade, wenn selbst der Tod kein Ende der Egoismen setzen kann! Die Verweigerung, dass Freunde, Nachbarn sich verabschieden können am Grab oder bei einer Trauerfeier, kann nicht damit begründet werden, dass man es nicht aushält, wenn andere Leute außer den engsten Verwandten teilnehmen. Freilich hat auch da die Witwe oder der Witwer das Selbstbestimmungsrecht, wie die Feier ablaufen soll. Es kann aber nicht sein, dass Menschen, die eine Beziehung zu dem Verstorbenen hatten, ausgeschlossen werden – streng genommen selbst dann nicht, wenn es um einen Geliebten oder um eine Geliebte des/der Verstorbenen geht.

Unsere Trauerkultur ist eher arm geworden, und der Tote wird zu oft in fremde Hände gegeben in der Meinung, man könne nichts tun, weil man so traurig und unglücklich sei. Gerade durch eine begleitete Versorgung des Toten, einer kreativen Gestaltung des letzten Festes, durch viel Reden mit Freunden und selbst Betroffenen, und durch selbstgestaltete Rituale kann sich der Schmerz verwandeln. In dieser Art von Aktivität gestaltet sich die „Trauerarbeit": Der Tod ist damit nicht aus dem Leben ausgeklammert, er ist mitten im Leben und kann so durch seine Würdigung dem Leben förderlich sein.

Traueranlässe – es muss nicht immer ein Todesfall sein ...

Jede Art von Veränderung verursacht Trauergefühle, auch Neidgefühlen liegt Trauer zugrunde. Gerade Vergleiche mit den Lebenssituationen anderer Menschen können dazu führen, dass Trauer verstärkt erlebt wird. Deshalb ist es wichtig anzuerkennen, dass nicht nur der schlimme Verlust eines geliebten Menschen zu Trauererfahrungen führt.

Selbst die Todesursachen können Anlass zu „Neid" geben, und nicht selten erlebt man es in der Trauerarbeit, dass Menschen damit hadern, dass ausgerechnet ihr persönlicher Trauerfall im Vergleich „schlechter" wegkommt: „Du konntest dich wenigstens noch verabschieden" denkt insgeheim der Witwer, dessen Frau durch einen Unfall aus dem Leben gerissen wurde über eine Mutter, deren Kind nach langer Krankheit verstorben ist.

Man sollte sich davor hüten, verschiedene Traueranlässe miteinander zu vergleichen oder gar zu bewerten. Es geht bei der Trauerarbeit nicht darum, „objektive" Maßstäbe herzustellen. Jeder Mensch empfindet „seine" Trauer in genau seiner Intensität, sie ist für ihn die jeweils „schlimmste" Trauer.

Trauert beispielsweise jemand über den Verlust eines Haustieres, ist diese Trauer nicht „minderwertiger" gegenüber anderen Verlusten – nur der Trauernde selbst kann die Intensität der Trauer spüren.

2. Wie geht Trauerbegleitung?

Warum Trauerarbeit?

Trauer äußert sich so individuell wie es Menschen gibt, es sind immer andere Facetten und Nuancen, denn jeder hat eine eigene Vorerfahrung und Vorbilder in seinem bisherigen Leben.

Trauernde Menschen hören oft Sätze, die ich als Anti-Sätze bezeichne, wie „Die Zeit heilt alle Wunden". Oder „Das Leben geht weiter!" Das rührt daher, dass Menschen fremde Trauer nicht aushalten wollen und können. Der Hintergrund dafür ist, dass die eigene unbewusste Trauer getriggert wird. Viele Menschen haben Angst davor, sich ihrer eigenen versteckten Trauer zu stellen – und Trauer trägt nun einmal jeder Mensch von frühester Kindheit an in sich. Wir sind – und waren – eine Gesellschaft, die sich nicht traut zu trauern.

Alexander und Margarete Mitscherlich schrieben in den 1970er Jahren von der „Unfähigkeit zu trauern". Sie meinten damit vor allem das Ungeheuerliche des Dritten Reiches, das damals im Bewusstsein der Bevölkerung in

Deutschland erwachte. Das, was an Schuld und unverarbeiteter Geschichte im Nachkriegs-Deutschland in Erscheinung trat, wurde so stark, dass Trauern zunächst nicht möglich war. Erst jetzt, mehr als 70 Jahre nach Kriegsende, können wir uns mit diesem schweren Thema unserer Geschichte befassen – auch wenn die Zeit selbst keine Wunden heilen kann, so ist ihr Verstreichen doch manchmal nötig, damit man sich der Verarbeitung aussetzen kann.

Wie auf gesellschaftlicher Ebene, ist es auch beim Individuum: Im ersten Trauerjahr gibt es so viel zu tun und zu organisieren, zu räumen, zu rechnen ob das Geld reichen wird, sich zu sammeln und zu orientieren, und vieles mehr, dass für Trauer kaum Raum bleibt. In der Life-Event-Forschung von 1967 von Holmes und Rahe werden Stressfaktoren aufgelistet: Hier bekommt der Tod eines Ehepartners mit 100% den höchsten Stresspunktwert. Denn im Verlust des (Ehe)Partners steckt ein hohes Risikopotential für die gesamte Existenz. Die Lebensgrundlage ist hier in Mitleidenschaft gezogen – wird es finanziell reichen, oder werde ich als Vater ohne die Mutter die Kinder gut ins Leben führen können, oder als Mutter ohne den Vater die Söhne erziehen können? Wenn Frauen wegen der Kinder nicht gearbeitet haben, bekommen sie eine Witwenrente – aber reicht diese? All diese existenziellen Fragen können eine Barriere für das eigentliche Trauern darstellen. Insgesamt ist die erste Zeit der Trauer geprägt durch ein reines „Funktionieren“. Dabei bedarf es besonders in dieser Zeit etwas, das (inneren) Halt gibt, an dem sich die Trauernden aufrichten können.

Es braucht also zuallererst neue Lebensplanungen, und eine echte Neuorientierung. Häufig gehen die Hinterbliebenen zu schnell eine neue Verbindung ein, ohne die verlorene betrauert und integriert zu haben. Das kann in der neuen Partnerschaft zu Konflikten führen, und zu dem Gefühl der Trauer über ein nicht gelingendes Leben. Auch wenn Trauer auf andere Art und Weise verdrängt wird, oder mehr oder weniger bewusst „vergessen“ wird – früher oder später taucht unverarbeitete Trauer wieder auf.

Was macht eine Trauerbegleiterin, ein Trauerbegleiter?

Hier setzt die Trauerbegleitung an: Ein guter Trauerbegleiter hilft den Trauernden dabei, zu sich selbst zu finden, und sich neu zu definieren: als Witwe oder Witwer, als verwaistes Elternteil oder Elternpaar oder als verwaistes Kind. Das kann ein längerer Prozess sein. Es ist wichtig, dass die Trauernden ernst genommen werden und sich auch selbst ernst nehmen. So können die Trauernden zu einem selbstbestimmten Leben zurückfinden, ohne dass Verlust und Trauer über sie bestimmen.

Trauerbegleitern stehen verschiedene Methoden zur Verfügung, um mit den Trauernden die sogenannten „lebenshindernde“ Trauer in „lebensfördernde“ Trauer umzuwandeln.

Bei diesem Prozess soll die Selbstbestimmung (wieder) hergestellt werden. Das Bedürfnis nach Selbstbestimmung ist eines der drei Grundbedürfnisse des Menschen (neben dem Bedürfnis nach Sicherheit und dem nach Beziehung). Dieses Bedürfnis ist allen Menschen eigen, gleich welcher Kultur oder Religion sie angehören. Allerdings hängt die Bereitschaft, sich autonom im Leben zu bewegen, von frühkindlichen Erfahrungen und Prägungen ab: Habe ich früh gelernt, mich als eigenständig wahrzunehmen oder hatte ich eher Angst davor, Zuwendung, Geliebt sein und Sicherheit zu verlieren?

Übungen und Methoden: Trauerarbeit und Systemische Arbeit

Systemisches Denken und Arbeiten, wie es in der Familientherapie in Europa seit den 1960er Jahren angewandt wird, ist eine gute Basis für die Arbeit mit Trauernden. Jeder Mensch hat schon früh Trauermomente erlebt, sie aber nicht mehr im Bewusstsein. Ebenso sind die biographischen Ereignisse in einem Familiensystem immer auch relevant, wenn es im Leben eines Nachgeborenen eine Krise gibt. Die Erfahrungen und Erlebnisse des Zweiten Weltkriegs z.B. wirken in Familien nach, auch wenn die Enkelgeneration den Krieg selbst nicht miterlebt hat. Selbst wenn die Ahnen nicht mehr sichtbar, das heißt am Leben sind, so formen und stabilisieren sie ihr jeweiliges Familiensystem. Schlimme Ereignisse werden häufig ausgegrenzt, um die Trauer darüber nicht zu erleben und sich Scham und Schuld nicht eingestehen zu müssen. Frühe Todesfälle und Vergehen werden ausgeklammert. Sie sind deswegen aber nicht verschwunden – denn nichts in der Natur geht verloren – die Wirkung der schwierigen Erlebnisse bleibt im System und kann sich sogar noch verstärken. Dann übernehmen Enkel und Urenkel unbewusst den Auftrag, das Ausgeblendete ans Licht zu bringen. Meist wird der Auftrag in körperlichen oder seelischen Auswirkungen sichtbar. Der Betroffene kann aber den Bezug zu seinem System nicht herstellen: Er denkt, er allein oder die momentane Umwelt seien dafür verantwortlich. So macht er häufig den Anderen den Vorwurf, was wiederum neue Konflikte und Verstrickungen verursacht.

Die Lösung des Problems, das nur von außen erlebt wird, liegt aber im eigenen Selbst – die Bewusstheit darüber ermöglicht einen heilenden Prozess und eine kraftvolle Entwicklung. Das, was systemisch ein-gewickelt, verpackt wurde, darf nun ans Licht kommen, das heißt „aus-gewickelt = ent-wickelt“ werden. Das heißt, ich sollte mich hier stets auch mit meinen Ahnen, mit meinem Familiensystem beschäftigen und wissen, wer vor mir wie gelebt hat.

Familiensysteme werden durch Paarbeziehungen und Kinder erweitert. Heute wissen leider meist die wenigsten Nachkommen, wer ihre Vorfahren sind, was diese in ihrem Leben gemacht haben und sogar auch nicht einmal, wie sie heißen. Der Zugang zu diesen Menschen, die vor mir gelebt haben, die meine Wurzeln sind, ist besonders in der Trauer wichtig: Haben diese Menschen, auch wenn ich sie nie kennengelernt habe, doch ihr Leben gelebt mit Entbehrungen, vielleicht Flucht, Todesangst und was alles in der Kriegsgeneration vorherrschend war. In der Zeit, in der die Menschen sich mehr für das Überleben einsetzen mussten, war wenig Zeit, mit der Trauer umzugehen und sie zu integrieren. Das heißt, dass diese systemische Trauer in der jetzigen Trauer mitschwingt und es erleichternd wirkt, wenn ich spüre, dass ich davon auch etwas mittrage. Der Großvater, der vielleicht seinen Kameraden neben sich sterben sah, und nach dem Krieg darüber nie sprechen konnte, braucht jetzt eine Würdigung und Achtung: Als Enkel sollte ich mich vor seinem Schmerz verbeugen und ihn bitten, mir in meinem Schmerz beizustehen als innerer Begleiter. Das erleichtert den eigenen Schmerz.

So ist die systemische Arbeit nicht nur eine Persönlichkeitsarbeit des Einzelnen, sie kann auch ganze Systeme, ja sogar die Welt in eine heilende Schwingung versetzen.

Das Genogramm

Wir kennen den Stammbaum als Generationen-Schaubild. In der Systemischen Familienarbeit wird oft ein schematisch dargestellter Stammbaum verwendet als sogenanntes Genogramm, ein zusammengesetzter Begriff aus „Genealogie“ und „Diagramm“ (siehe z.B. Roedel 2014). Für die Einzelarbeit ist die Erstellung eines Genogramms zum Verständnis der eigenen Geschichte hilfreich und wichtig. Hier sollten auch soziale Beziehungen, Krankheiten, Fehlgeburten und Besonderheiten eingefügt sein. Häufig erkennen Trauernde jetzt, dass sie mit jemandem im System ein ähnliches Schicksal teilen und unbewusst die Trauer der Ahnen mit übernommen haben.

Fehlgeburten wurden früher nicht so wahrgenommen wie wir heute dazu stehen. Diese nicht ins Leben gekommenen Kinder sind aber seelische Wesen, die einen Platz brauchen: Sie müssen „verortet“ werden, das heißt einen Ort, an dem ihrer gedacht wird, und natürlich brauchen sie einen Namen! Das muss nicht auf einem Friedhof sein, ich schlage immer einen Ort vor, an dem der/die Trauernde gerne ist. Dort kann er/sie entweder eine Pflanze einsetzen oder auch nur einen Stein hinlegen und dem eigenen Geschwister einen Namen geben oder dem Geschwister der Mutter oder des Vaters. Es ist nicht wichtig, ob es ein Mädchen oder Junge war, ich darf als Nachkomme intuitiv empfinden und den Namen auswählen.

Im eigenen Erleben muss ich das, was war und nicht mehr korrigiert werden kann, anerkennen. Damals, in der Vergangenheit, ist etwas geschehen, was man nicht so haben wollte. Man kann die Zeit aber nicht zurückdrehen. Nun kann ich mich ständig darauf berufen, dass es mir schlecht geht, weil „damals“ nicht gut für mich gesorgt wurde. Was bringt mir das? Kann ich aus einem Gefühl, nicht genug bekommen zu haben an Aufmerksamkeit, an Anerkennung und auch an Liebe, eine Forderung machen? Diese Forderung hat keinen Belang: das, was damals war, war damals und kann nicht wie ein Film zurückgespult und neu inszeniert werden. Ich muss mich damit zufriedengeben, dass es jetzt, heute, keinen Ersatz dafür gibt. Ich kann traurig und enttäuscht sein, ich kann es beklagen und betrauern. Wenn ich es aber einfordere und somit mein Unglücklich-Sein auf jemand Anderen im Außen verschiebe, habe ich nichts gewonnen: weder dass mein Bedürfnis nun erfüllt wird, noch, dass der alte Schmerz damit aufhört. Schmerzen und das Weh, die Not, die mir mein Defizit bereitet, ist damals nicht erfüllt worden und wird auch jetzt nicht erfüllt. Ich muss es „nachnähren", das heißt, dass ich als erwachsene Person jetzt für mich Sorge trage und das Defizit, die Lücke selbst auffülle, so gut es geht.

Selbst wenn die Eltern jetzt einsehen, dass sie sich zu wenig Zeit nehmen konnten – aus welchen für sie berechtigten Gründen auch immer, dann ist da vielleicht so etwas wie eine Erleichterung zu spüren, und es kann nun einen anderen Kontakt zu den Eltern geben. Mit den Defiziten umgehen und den Schmerz anerkennen und umwandeln, kann nur ich selbst.

Aufstellungsarbeit

Einen Schritt weiter geht die systemische Aufstellungsarbeit in therapeutischen Gruppen, die ich vor allem bei Weiterbildungen mit der deutschen Psychotherapeutin Hanna Gaugler kennengelernt hatte.[1] Hier werden konkrete Familienangehörige eines Patienten von Gruppenmitgliedern repräsentiert, die nach „Regieanweisungen" des Patienten im Raum platziert werden und dabei auch ihre eigenen Eindrücke und Meinungen äußern dürfen. Durch die räumlichen Beziehungen zwischen realen Menschen kann dadurch direkte Versöhnung hergestellt werden: Ein Stellvertreter für den Vater oder die Mutter, die mir zu wenig Aufmerksamkeit gegeben hat, kann sagen, dass es ihm /ihr leidtut und er/sie es damals nicht besser wusste und konnte. So kann im Nachhinein Klarheit und darüber eine Versöhnung hergestellt werden. Das Ausgesprochene wirkt ausgleichend, auch wenn es nicht vom Vater oder Mutter selbst ausgesprochen wurde. So kann eine Familienaufstellung heilsam sein.

Deshalb empfehle ich allen, die mit ihrem Schicksal hadern, Aufstellungsarbeit zu machen und sich noch einmal in einem Ritual mit den alten Verletzungen zu befassen. Diese können dann integriert und als ein Teil in der eigenen Biographie begriffen werden. Aus Verletzungen entstehen Narben, die bleiben. Narben müssen aber nicht wehtun und können im Gegenteil als Zeichen für Erfahrungen gesehen werden. Das Phänomen, dass Kinder trotz großer Defizite seelischer und körperlicher Art überleben können, zeigt, dass wir auch als Erwachsene überleben können. Dass ich gut überlebe und in meiner Persönlichkeit wachsen konnte, heißt, dass ich für mich

---

1 Die systemische Aufstellungsarbeit hat mit Bert Hellinger einen sehr umstrittenen Vorreiter. Die DGSF (Deutsche Gesellschaft für Systemische Familientherapie) hat in einer Stellungnahme aus dem Jahr 2003 die Wirksamkeit dieser Therapieform allerdings bescheinigt und klare Handlungsanleitungen dafür formuliert (siehe https://www.dgsf.org/themen/berufspolitik/hellinger.htm, abgerufen am 22. Mai 2020)

selbst die Verantwortung übernommen habe, und alles, was unbefriedigend in meinem Leben war und ist, als eine wichtige Erfahrung werte, die mich dazu befähigt, mit allen Unbillen im Leben umgehen zu können.

Die Verschiebung von Verantwortung ist das, was Menschen klein und abhängig macht. Abhängigkeit gibt es natürlich, besonders, wenn ich noch ein Kind bin – dennoch heißt es im Erwachsenwerden, selbst für mich und meinen inneren Frieden zu sorgen. Das bedeutet nicht, alles Schlimme auszuklammern oder zu verdrängen. Vielmehr sollten wir lernen, alles, was uns widerfährt, als eine wichtige Lehre zu nehmen. Auch wenn ich den Sinn in diesem Moment nicht begreifen und erkennen kann, so ist es möglich, erst später ein Bewusstsein dafür zu entwickeln, wozu das Leidvolle in meinem Leben letztendlich gut war.

Auch wenn es mit einem Verstorbenen noch irgendwelche Unklarheiten oder Verletzungen gibt, kann ich diese in einem Aufstellungsritual verwandeln und versöhnlich werden. Immer sind auch auf der anderen Seite Hintergründe, die den Menschen dazu gebracht haben, so zu handeln. Wenn ich etwas von dem Anderen erwartet habe, so ist das eine Falle, in die ich hineintapse. Dann sehe ich mich dazu auch noch als Opfer. Der Nutzen dabei ist, dass der Andere schuld an meiner Unzufriedenheit ist. Ich meine damit fälschlicher Weise, nichts für mich tun zu können: das ist nicht Entwicklung, sondern Stagnation!

Ausblick von der Zugspitzbahn – alles verschwimmt… (Foto: R. Bauer-Mehren)

Stagnation in der Trauer – wenn der Trauerprozess nicht weitergeht

Trauerprozess heißt, dass sich der oder die Trauernde auf einem Weg befindet, die Ursache der Trauer zu verarbeiten und sie in die eigene Biographie zu übernehmen, zu integrieren.

Das bedeutet, dass das Unfassbare fassbar wird und dass sich das Bewusstsein des Trauernden verändert. Trauer ist ein stetiger Prozess, der den Menschen immanent begleitet, schon von Kindheit an und, wie wir auch wissen: Generationen übergreifend.

Trauer ist somit ein Phänomen, das nie weggeht und das uns stets begleitet. Die Trauer gehört zum Leben und ist die eine Seite der Medaille, auf deren anderen Seite die Freude steht, also die beiden entgegengesetzten Pole in unserem bipolaren Universum.

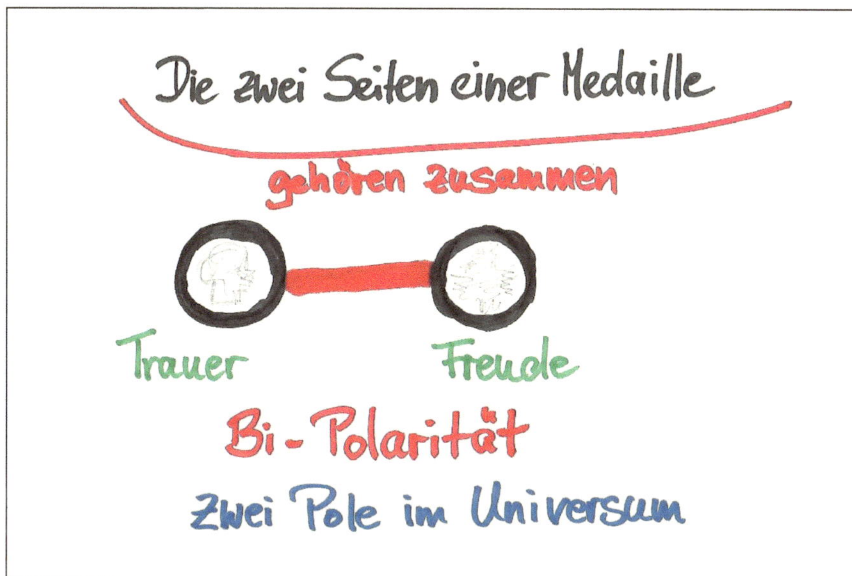

Die zwei Seiten einer Medaille. Schaubild von der Autorin erstellt.

Prozesse sind Bewegungen, lateinisch „procedere“, heißt so viel wie vorwärtsgehen.

Wenn nun ein trauernder Mensch in dem Prozess nicht weitergeht, also stagniert, hat das immer einen Hintergrund. Die Frage „Wie soll es weitergehen?“ bedeutet auch im körperlichen Sinn: „Ich gehe weiter und bleibe nicht stehen.“ Denn: So, wie ich gehe, so geht es mir. Diesen Hintergrund gilt es bewusst zu machen.

Es gibt verschiedene Hintergründe:

1. Häufig ist der Blick auf die Verstorbenen gerichtet: Du bist nicht mehr im Leben, kannst nicht das Schöne mehr sehen, die Liebe spüren usw. Ich will dann auch nicht mehr das Schöne erleben, und ich verbiete mir selbst zu leben
2. Schuldgefühle: ich habe zu wenig für dich getan, Selbstbezichtigung, Selbstzweifel
3. Der/die Trauernde spürt sich mehr im Schmerz, nur wenn es wehtut, merke ich, dass ich lebe (z.B. Ritzen bei Jugendlichen)

4. Hilflosigkeit ist ein Ruf nach Hilfe, im Leiden bin ich vermeintlich interessanter, denn jetzt hole ich mir Aufmerksamkeit, die ich vielleicht als Kind zu wenig bekommen habe
5. Im „Hamsterrad“ sein – es gibt keinen Ausweg, keine Lösung – als Gegengewicht zum Unfassbaren, so, als müsse man bei dem „Durchdrehen“ das, was ist, nicht wahrnehmen
6. Schock ist nicht Stagnation: Schock ist eine natürliche Antwort auf etwas Unerwartetes, Unerträgliches und ist notwendig, sich langsam wieder zu besinnen, das kann bis zu einem halben Jahr dauern, manchmal auch länger
7. Depression: aus der Balance kommen, das Leben als sinnlos erachten, kann zu suizidalen Gedanken oder auch Suizid führen
8. Trauer ist traurig sein um mich selbst: fühlt sich egoistisch an, darf daher nicht sein
9. Angst vor Alleinsein, vor Einsamkeit, vor der Zukunft: wie soll es weitergehen? Keine Idee dazu, auch Ausdruck von Hilflosigkeit, deshalb lieber Stillstand, den kenne ich schon
10. Wörter wie: „nie wieder…“, absolute Veränderung des Lebens und meiner Person will ich nicht – Verlust der Selbstbestimmung
11. Widerstand gegen Veränderungen ist Trotz
12. Verlust der Autonomie: ich wollte das so nicht.

Was kann ich als Trauerbegleiterin oder Trauerbegleiter gegen die Stagnation im Einzelnen tun?

1. Das Verbot, das Leben als schön zu erleben, aufheben. Das Verbot aufzuheben kann funktionieren, indem ich mir vorstelle, dass in mir eine verbietende Person steckt. Diese kann ich auch als Gesprächspartnerin mir gegenüber sehen. So kann ich über das Verbot verhandeln.
2. Was kann ich für mich tun, was auch dem/der Verstorbenen gefallen hätte? Ich tue es auch ein Stück für dich mit, bin in Verbindung mit dir.
3. Übung mit dem „Schuldschuh“ (mehr zu dieser Übung siehe Seite 111 f.)
4. Gefühle wahrnehmen, alle Sinne bedienen, „Trauern heißt zärtlich sein zu sich selbst“, mir selbst Gutes tun (Hausaufgaben aufgeben!).
5. Alte Muster betrauern, ja, das war früher – es gibt und gab keine 100% in dem Wahrgenommen werden, jetzt muss ich das selbst für mich tun.

6. Skalierungsübung: Welche Schritte habe ich gemacht, seit dem Schockerlebnis? Wo stehe ich heute? Diese Schritte kann ich auf einer Skala von eins bis zehn eintragen – eins wäre z.B., wenn ich wieder geduscht, mich schön angezogen und aus dem Haus gegangen bin, ein weiterer Punkt auf der Skala könnte das Gespräch mit einer Trauerpädagogin sein und so weiter. Bei Stufe zehn habe ich einen Weg aus der Stagnation gefunden.
7. Den Schock als etwas Gutes wahrnehmen zum langsamen Erwachen des eigenen Lebens, der Sinne. Ich kann eine Sinnenübung machen (mehr zu dieser Übung siehe Seite 101 f.)
8. Gegen die Depression angehen: Einen Deal mit jemandem eingehen, der z.B. jeden Morgen anruft, um mir beim Aufraffen, Aufstehen, den Tag beginnen hilft und mich dabei begleitet.
9. Gesunder Egoismus – nur wenn es mir gut geht, kann ich anderen Menschen helfen, mit der Trauererfahrung bin ich Vorreiter/in für andere Trauernde.
10. Einsamkeit und Alleinsein sind Wahrnehmungen, die auch in Gesellschaft sein können, Bewusstwerdung von Autonomie (Selbstbestimmung) und Beziehung, die beiden Bedürfnisse passen häufig nicht zusammen: heftige Sehnsucht danach, das war nur im Mutterleib möglich. Als lebender Mensch ist diese Nabelschnur für immer durchtrennt, ich habe das Bewusstsein von Symbiose in mir, ist aber nicht gut lebbar!
11. Leben und Prozesse bedeuten Veränderung, jeder Tag ist Veränderung! Das heißt auch Entwicklung, Entbindung!
12. Den Widerstand wahrnehmen und mit ihm tanzend umgehen: Hierzu gibt es die wunderbare Übung „Tanz mit dem Widerstand“, bei der die Teilnehmenden körperlich spüren können, warum ein Widerstand ein unerfülltes Bedürfnis ist.
13. Trauer über den Verlust von Autonomie: Ich wollte das *so* nicht: Demut, anerkennen, was ist und was war. Wir sind keine Macher, sondern klein und dem Schicksal unterworfen. Größenwahn ist kein guter Begleiter, Ohnmacht gegen Allmacht, beides trifft nicht zu für den Menschen, wir können etwas machen, tun und mit dem Prozess mitgehen. „Dem Gehenden schiebt sich der Weg unter die Füße“ (Martin Walser), das heißt gehen, weitergehen, nicht stehenbleiben, und wenn, dann nur kurz!

Übungen und Methoden: Das Enneagramm

Ein anderer wichtiger Schritt in der Entwicklung der eigenen Persönlichkeit ist die Beschäftigung mit dem Enneagramm, die ich vor allem in Seminaren von Hans Neidhardt kennenlernte. Diese Methode wurde in den 1960er Jahren von Wegbereitern des sogenannten „Human Potential Movement“ entwickelt, einer Richtung der humanistischen Psychologie, die davon ausgeht, dass in den meisten Menschen weit mehr Potenzial schlummert, als sie selbst wissen. Dabei griffen z.B. Vertreter dieser Richtung wie Claudio Naranjo ausgehend von Studien des südamerikanischen Philosophen Oscar Iachzo auf die alte Figur des Enneagramms zurück, das schon in der Antike belegt ist. Im deutschsprachigen Raum wurde es vor allem durch das 1989 erschienene Buch „Das Enneagramm. Die neun Gesichter der Seele“ von Richard Rohr und Andreas Ebert bekannt.

Diese Methode beruft sich auf eine geometrische Form, die einen Kreis mit einem Dreieck und einem Sechseck kombiniert. Dabei entstehen neun Felder, die mit bestimmten „Persönlichkeitsmerkmalen“ belegt werden.

Jeder Mensch entwickelt in seiner frühesten Kindheit eine bestimmte Strategie, um schwierige Situationen meistern zu können. Diese ist zunächst eine Überlebensstrategie, zu der Menschen auch später immer wieder tendieren, wenn etwas Krisen- oder Konflikthaftes in ihrem Leben auftritt. Die Aufgabe ist es, gemeinsam mit dem/der Trauerbegleiter/in sich der eigenen Handlungshintergründe bewusst zu werden und darüber hinaus auch andere Strategien zu entwickeln und zu verinnerlichen.

Das „Enneagramm“ zeigt in einem Schaubild die verschiedenen Persönlichkeitsmuster, denen einzelne Ziffern zugeordnet sind. Es gibt neun Ausprägungen, die in drei Kreissegmenten angeordnet sind. Jedes Kreissegment verweist auf bestimmte Muster, die auf Defiziten in den drei Grundbedürfnissen basieren. Diese werden in der frühen Kindheit angelegt. Die sogenannte „Kindheitsnot“ prägt also Handlungsmuster. Das Enneagramm macht sichtbar, dass wir bestimmte „Überlebensstrategien“ in der frühen Kindheit angenommen haben und welche Handlungsstrategien sich daraus für uns ergeben. Ziel ist es, alle drei Segmente ausgewogen zu nutzen.

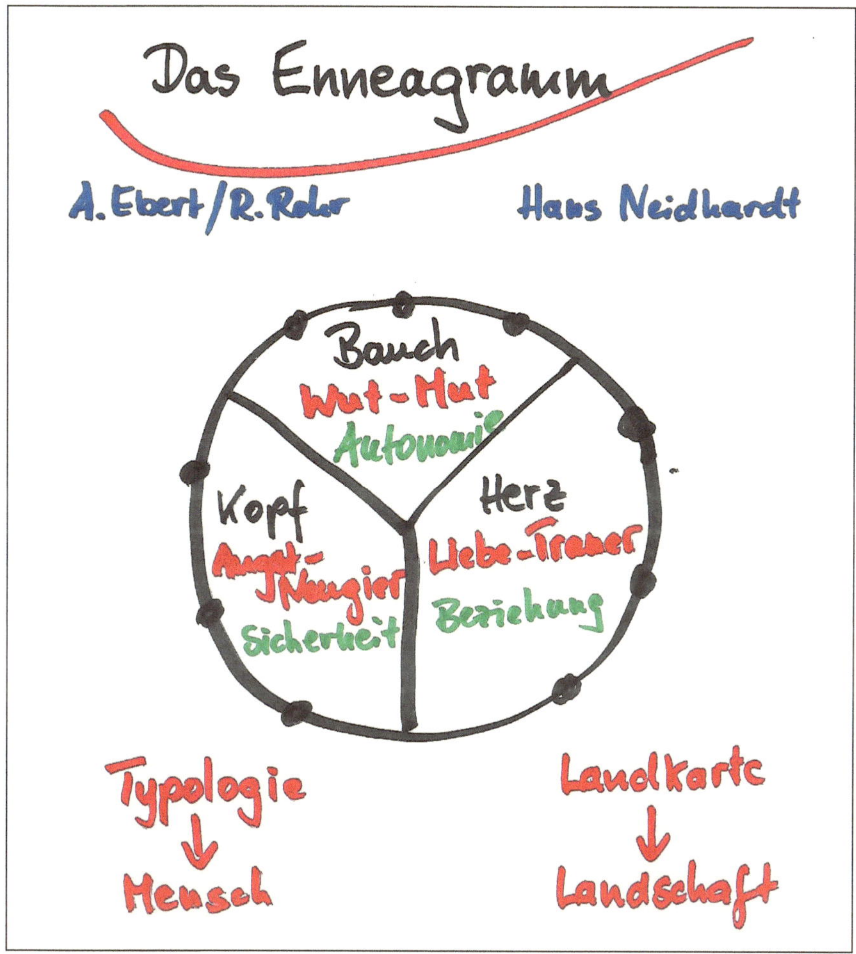

Schaubild „Enneagramm". Abbildung erstellt durch die Autorin, ausgehend von Modellen von Ebert/Rohr und Neidhardt.

Hier zeigt es sich, dass es drei Grundbedürfnisse im Menschen gibt: Autonomie, Beziehung und Sicherheit. Zu jedem dieser Grundbedürfnisse gehören drei verschiedene Ausprägungen, deshalb heißt diese Methode Ennea = neun (3x3) und grammos (Griechisch) = Muster. Zu jedem dieser drei Bedürfnisse gehören bestimmte Gefühle, die sofort auftreten, wenn das Bedürfnis nicht erfüllt ist:

1. Wut und Ärger entstehen, wenn die Autonomie, die Selbstbestimmung nicht gegeben ist.
2. Trauer und Enttäuschung, wenn die Beziehung zu einem wichtigen Menschen oder zu mir selbst nicht stimmig ist.
3. Angst und Sorge, wenn ich keine Sicherheit erkenne.

So sind die Gefühle Hinweise auf nicht erfüllte Bedürfnisse. Im Konflikt machen wir meist den Konfliktpartner dafür verantwortlich, dass wir nicht zufrieden sind. Er ist aber stets nur der Auslöser, der mir durch sein Handeln bewusst macht, dass ich ein Defizit habe, wahrscheinlich noch ein altes, aus einer frühkindlichen Zeit. Konflikte sind also wichtig, weil sie aufzeigen, was noch nachgenährt und betrauert werden muss. Nach Marshall Rosenberg (2013) kann man sagen: Konflikte sind somit die Kinder von nicht integrierter Trauer, so wie er sagt, dass die Gefühle die Kinder der Bedürfnisse sind.

Übrigens sind diese Grundbedürfnisse in allen Kulturen und Religionen gleich. Sie werden niemals zu 100% erfüllt – wenn das so wäre, wären wir tot. Zum Menschsein gehört es eben, dass wir immer im Bestreben sind, höchstmögliche Zufriedenheit zu erlangen: absolute Zufriedenheit bedeutet Stillstand = Tod.

3. Zeit heilt keine Wunden – mit Trauer umgehen lernen

Mit allen Sinnen wieder Sinn im Leben finden

Nach Tod- oder extremen Verlusterfahrungen kommt einem das Leben oft sehr sinn-los vor. „Das macht doch alles keinen Sinn mehr!“ hört man oft von Menschen in Krisensituationen – die auch Jahre später immer noch Bestand haben können. Sieht man diesen Ausruf der Verzweiflung bildlich, kann man sich vorstellen, die Sinne seien betäubt, und nicht spürbar. Wenn die Sinne nicht mehr funktionieren, ist der Lebens-Sinn ebenso betäubt.

Es ist daher wichtig, die „tauben“ Sinne wiederzubeleben. Bin ich „ohne Sinne“, und verharre in diesem Zustand – dann werde meine Sinne umso betäubter, je mehr Zeit verstreicht. Die Redewendung „Die Zeit heilt alle Wunden“ stimmt so also gar nicht, denn wenn keine Narbenpflege betrieben wird, bleibt die Narbe für immer taub, das Lebensgefühl auch. Es wird immer schwerer, das Gefühl in der vernarbten Stelle wiederzubeleben.

Nun haben wir es bei Trauer ja nicht direkt mit einer Narbe auf der Haut zu tun, sondern in der Seele, weshalb alle Sinne wiederbelebt und gepflegt werden müssen:

Das **Schmecken** bedeutet, dass ich nicht nur esse, um zu über-leben, sondern, dass der Geschmack bewusst wahrgenommen wird. Ich sollte hier nur das Beste kosten, die frischesten Früchte, den besten Käse oder auch den besten Schluck Rotwein: Ich soll merken, wie meine Geschmacksnerven wieder erwachen, nachdem sie wie betäubt waren.

Fischgericht in meinem Lieblingsrestaurant am Starnberger See. (Foto: R. Bauer-Mehren)

Das **Riechen** kann uns anzeigen, wenn in einer Beziehung etwas verquer läuft: Dann sagen wir „ich kann den oder die nicht riechen!“ Ich sollte mir köstliche Gerüche auflegen; duftende Blüten, ein Parfüm oder Rasierwasser (vielleicht sogar seins?) und immer mal wieder „schnüffeln“, das lässt meinen Sinn wieder lebendig werden, und ich merke, dass ich selbst lebendig bin und lebe!

Duftrose in meinem Garten (Foto: R. Bauer-Mehren)

Der **Sehsinn** ist auch beeinträchtigt, wenn ich in einer depressiven Haltung bin. Ich kann mich, ja will mich nicht freuen an der Natur, an der Blütenpracht oder an den bunten Blättern im Herbst. Das wirkt wie Beleidigt Sein – denn ich bin be-leid-igt worden vom Schicksal, vom Leben, das ich so nicht will. Hier ist ganz wichtig, dass ich mir bewusst werde, dass ich mich neu zum Leben entscheiden muss: will ich oder will ich nicht? To be or not to be – *die* Lebensfrage in einer schweren Situation. Ich kann und ich *muss* mich entscheiden, ob ich Schönheit sehen möchte, diese Freiheit habe ich. Manchmal muss ich mich geradezu dazu zwingen, das Schöne zu sehen – dabei liegt es ganz nah: Bewusst hinausgehen in die Natur, denn dort können wir am besten unsere Sinne wieder finden.

Japanischer Kirschbaum in meinem Garten im Frühling (Foto: R. Bauer-Mehren)

Hören ist ein schwieriger Sinn: ich höre noch immer deine Stimme oder die Musik, zu der wir beide getanzt haben. Ich bin zwar gleich in einer Schwingung mit dir, aber gleichzeitig in der tiefen Traurigkeit. Das ist nur die Erinnerung, das ist nicht real. Ja, die Musik, oder überhaupt die Töne, sind, physikalisch gesehen, Wellen, also Schwingungen, die meinen Organismus, meine Zellen in Bewegung bringen. So werde ich innerlich bewegt und berührt, das heißt, ich weine, vielleicht fassungslos, ohne dass ich mich beruhigen kann. Musik zu hören, die ich mit Hans in Verbindung bringe, ist auch heute noch, 25 Jahre nach seinem Tod, nicht einfach für mich: Ich komme in eine tiefe Bewegung, in eine tiefe Berührung, die ich nicht missen möchte. Ich empfehle, „gemeinsame Musik" am Anfang, in der tiefsten Trauer, nicht alleine anzuhören. Es sollte ein/e Vertraute/r dabei sein, der/die den Trauernden auffangen kann.

Meine Gitarre im Garten (Foto: A. Hessler)

Der schwierigste Sinn allerdings ist das **Fühlen**. Wie oben schon gesagt: es gibt keine äußere Berührung mehr, kein Streicheln, keine Zärtlichkeiten, keine Sexualität. Manche Menschen, die sich selbst nicht mehr fühlen können, beginnen sich zu ritzen, damit sie sich wenigstens im Schmerz wieder fühlen können.

Mir war meine äußere Hülle, meine Haut nicht mehr gegenwärtig. Ich habe mich zwar gewaschen und angezogen, aber eher nur, weil man das so macht. Erst, als ich mir meiner Konturen wieder bewusst wurde und als mir klar wurde „ich kann nicht aus meiner Haut", konnte ich spüren, dass ich ICH bin. Da war es wichtig, diese Haut zu pflegen, sie einzucremen, schöne, wohltuende Tücher oder Kleidungen anzulegen – das Beste ist grad gut genug! Ja, Seide sollte es sein, schmeichelnd um den Hals gelegt ... Das ist kein Ersatz für Zärtlichkeit von einem anderen Menschen, zeigt aber doch den Wert, den ich selbst für mich gebe. Ich will mich wieder wohl fühlen.

Dafür muss ich zärtlich zu mir selbst sein. Ich trauere nicht nur um dich, sondern in erster Linie auch um mich: Ich bin die, die verlassen wurde. Ist es da nicht auch angebracht, wenn ich heftig um mich trauere? Meine Person hat Schaden erlitten: Ich muss/soll mich neu definieren, orientieren, aufstehen wie Phönix aus der Asche. Mein bisheriger Lebensplan ist nicht aufgegangen, ich werde einen neuen, einen anderen erstellen und den Verlust mit hinein nehmen, integrieren.

Der Verlust gehört zu meiner Biographie, zu meinem erlebten Leben. Und ich wecke wieder alle meine Sinne, die wie betäubt waren.

Eine meiner vielen Statuen mit Seidenschal (Foto: A. Hessler)

Der Starnberger See mit Blick auf die Alpenkette (Foto: A. Hessler)

Die Trauer nach einem Suizid – Oder: Suizid, das doppelte Tabu

In unserer Gesellschaft wird der Suizid immer noch als moralisches „Verbrechen" betrachtet, etwas, das tabuisiert werden muss. Dabei ist jeder Trauernde in einer Ausnahmesituation zunächst suizidal. Daher ist es für Menschen, die mit Trauer befasst sind, wie etwa auch Trauerbegleiterinnen und Trauerbegleiter extrem wichtig, sich auch mit diesem besonderen Aspekt auseinanderzusetzen.

Für die Hinterbliebenen nach Suizid, mit denen ich arbeite, ist der Suizid immer eine Ungeheuerlichkeit, der sie sich stellen müssen. Der Begriff „Selbstmord" wird immer noch gebraucht, ohne dass man bemerkt, in welche Ecke man damit diesen Tod stellt. Es gibt Naturvölker, die den Alters-Suizid als eine gewollte Dezimierung der Population ansehen, damit die jungen Menschen von den Erträgen der Ernte leben können (z.B. indianische Volksstämme). In einer christlich geprägten Gesellschaft aber wird das Leben als Gottes Geschenk angesehen, das man nicht „wegschmeißen" darf. Es ist nach katholischem Glauben auch heute noch eine Todsünde, sich umzubringen. Noch bis in die späten 1960er Jahre wurden Suizid-Tote nicht auf dem Friedhof in der „geheiligten" Erde begraben, sie wurden außerhalb des Friedhofs verscharrt.

Man kann daher gut verstehen, dass Hinterbliebene nach Suizid lieber nicht sagen, wie der Verstorbene zu Tode kam – die schlimmste Krankheit und der furchtbarste Unfall tragen dazu bei, dass die Mitmenschen mitfühlend reagieren, bei Suizid ist das völlig anders. Bei einem Suizid wechseln zum Beispiel Bekannte und Nachbarn eher die Straßenseite, nur um dem Hinterbliebenen nicht direkt begegnen zu müssen. Es kommt mit dem Suizid also auch so etwas wie ein Fluch daher, ein Stigma, etwas Unerklärbares. Mitunter mag die Idee mitschwingen: Wer weiß, was der Hinterbliebene vielleicht mit dem Suizid zu tun hatte? Dabei sollten wir uns davor hüten, vorschnell zu urteilen. Vor allem dann nicht, wenn wir keine Hintergründe kennen und schon gar nicht aufgrund eines religiösen Regelwerkes, das ja letztlich auch von Menschen gemacht wurde.

Inzwischen haben reißerische Berichte von Suizidhandlungen in den Medien abgenommen. Man weiß, dass solche Berichte die Suizidgedanken bei labilen Menschen anstacheln, es nun auch zu tun. Man nennt das den „Werther-Effekt", nach Goethes Roman „Die Leiden des jungen Werther". Nach dem dieser Roman über einen jungen Mann, der sich in seiner Verzweiflung das Leben nimmt, 1774 veröffentlicht worden war, gab es viele Nachfolge-Suizide. Der Suizid ist eine Option, die jeder Mensch hat und vielleicht auch bei sich kennt: der letzte Ausweg, wenn alles nicht mehr so geht, nicht mehr zu bewältigen ist, nichts glückt: ich selbst kann mein Leben beenden.

Der Suizid geschieht meist in einem tranceähnlichen Zustand – ein Mensch, der rational und vernünftig denkt, kann sich nicht vor die S-Bahn werfen. So sagt es der Schweizer Psychotherapeut Michel in dem Film „Mein Schmerz ist auch dein Schmerz". Die Dokumentarfilmerin Marianne Pletscher hat ihn und viele andere Menschen, die Angehörige durch Suizid verloren haben, 2011 in ihrem Film portraitiert. Von ihm kann man lernen, dass jeder Mensch grundsätzlich leben will, der Suizident sich aber in einer Sackgasse oder in einem Tunnel befindet: er will *so* nicht mehr leben, und er sieht gerade keine Möglichkeit, wie sich sein Leben ändern könnte. Meistens verbergen die Suizidenten ihre Gedanken vor den Menschen, die ihnen am nächsten stehen: den Eltern, den Kindern oder Partnern. Selbst wenn es eine Zeit gab, in der die Idee des Suizids öffentlich wurde, so gibt es doch unmittelbar vor der tödlichen Handlung einen Zeitraum, in dem alles in Ordnung zu sein scheint. Alle Betroffenen sind nun froh und wiegen sich in Sicherheit. In Wirklichkeit hat der Suizident seine Vorbereitungen innerlich und äußerlich längst getroffen, und die Sicherheit, es tatsächlich zu tun, macht ihn ausgeglichen und für die Mitmenschen wieder klar und erträglich.

Dieser Trugschluss ist für die Hinterbliebenen die schwierigste Herausforderung und sie konfrontieren sich selbst mit Fragen wie: „Wieso habe ich ihn so verkannt, so wenig gespürt, dass er gehen will?" Es gibt dann die heftigsten Selbstvorwürfe, so als hätte verhindert werden können, was längst schon im Skript des Suizidenten geschrieben war. Die Schuldgefühle sind für Suizid-Hinterbliebene die schwerste Bürde, denn die Selbstvorwürfe nagen an der Wirkfähigkeit: Warum habe ich nichts bemerkt? Warum ist er/ sie gegangen: War ich nicht gut genug für ihn, für sie? Warum hat er/sie sich mir nicht anvertraut, nicht mit mir seine/ihre Sorgen und Nöte besprochen? Wieviel wert war/ bin ich ihm/ihr eigentlich gewesen? Die Absage an die Person, die zurückbleibt, ist schwer zu ertragen. Es geht hier nicht nur um den Verlust des Verstorbenen, es geht auch um die Verletzung der eigenen Person. Manche Hinterbliebenen fühlen sich wie aussätzig, so als könnten sie gesellschaftlich nicht mehr akzeptiert werden. Diese Menschen verdienen eine besonders gute Begleitung und Stabilisierung, um mit diesem Schicksalsschlag weiter leben zu können.

Übungen und Methoden: Die Übung mit dem Schuldschuh

In meiner Rolle als Trauerbegleiterin, besonders für Suizid-Hinterbliebene, habe ich eine Übung entworfen, die bei vielen Trauernden eine gute Wirkung hat: „Den Schuldschuh ziehe ich mir nicht mehr an", das ist die Botschaft. Hier geht es nicht um wirkliche Schuld, sondern um die Gefühle, die mit den versäumten Handlungen einhergehen.

In der Übung „Schuldschuh" malen die Trauernden ihre beiden Fußumrisse (mit oder ohne Schuh) auf je ein Din A-4-Blatt. Die Fußabdrucke bekommen je einen Satz: „Und ich steht dazu!", bzw. „Ich habe versäumt …". Wenn mehr Energie im rechten Fuß steckt, dann schreiben die Trauernden in den rechten Fußabdruck den Satz „Und ich steh dazu!", ist mehr Energie im linken Fuß, eben in den linken. In welchem Fuß mehr Kraft steckt, finden wir heraus, indem wir erst mit dem einen, dann mit dem anderen Fuß fest aufstampfen. Meist ist bei Rechtshändern der rechte Fuß der kräftigere, Linkshänder stampfen meist links stärker. In den jeweils anderen Fußabdruck schreibt jeder als Überschrift den Satz „Ich habe versäumt …" und dazu all die Dinge, die er/sie sich selbst vorwirft, weil er/sie diese Dinge nicht gemacht hat, gegen die er/sie sich entschieden hat.

Ich erkläre dann: „Es gibt immer einen Grund, warum ich etwas versäumt habe, manchmal aus Angst oder aus dem Gefühl heraus, den Anderen zu bevormunden." Diesen Gedanken haben häufig Hinterbliebene nach einem Suizid. Der Satz: „Ich hätte ihn mehr bedrängen müssen, zum Arzt zu gehen", oder „Ich hätte mehr darauf achten müssen, ob er alle Medikamente nimmt" fällt häufig. Auf die Frage „Warum hast du das denn nicht gemacht?" sagen gerade Hinterbliebene nach Suizid mitunter: „Ich hätte ihn dann wie ein kleines Kind behandelt." Ich entlaste sie zusätzlich: „Ja, du hast dich dafür entschieden, ihn/sie als einen autonomen, selbstbestimmten Menschen anzusehen und ihn/sie nicht klein zu machen."

Für mich hat das mit der Würde des Menschen zu tun, die ich respektiere. Die Idee, ich hätte einen anderen Menschen „retten können", verändert meine Ohnmacht in eine Vorstellung von Allmacht: Ich hätte es verhindern können, wenn ich nur dieses oder jenes gemacht hätte. Diese Vorstellung ist allerdings tückisch, denn sie beinhaltet einen Konjunktiv, also eine „Vortäuschung" von etwas, das in der Realität unter Umständen sowieso nicht eingetreten wäre und was im Nachhinein auch nicht beweisbar ist.

„Diesen Schuldschuh ziehe ich mir nicht mehr an!" – Einer von meinen alten Schuhen hat ausgedient … (Foto: A. Hessler)

Zudem kommen derlei Gedanken ja erst, wenn das Schlimme passiert ist. Nun kommen die (Selbst)Vorwürfe: Ich hätte doch ... müssen. Diese Vorwürfe sind wie ein Verbindungskabel zu dem Verstorbenen, das ich nicht kappen darf, damit ich in Verbindung mit ihm bleibe. Ich bin ganz und gar mit der verstorbenen Person loyal und verstoße gegen die Loyalität, wenn ich nicht Schuld auf mich nehme – ja, ich verliere sie sogar. Dieser Verlust der Loyalität ist ein zusätzlicher zum Verlust der anderen Person. Das heißt, ich bin doppelt betroffen und muss meine Beziehung zum Verstorbenen irgendwie noch beibehalten. In einer solchen Situation sollte ich aber stattdessen Verantwortung für mein Handeln übernehmen: „Ich stehe dazu, dass ich dich als einen selbstbestimmten Menschen angesehen habe, und es tut mir leid, dass ich dir nicht helfen konnte."

Und noch weitergehend sollte ich auch mich selbst achten, meine eigenen Bedürfnisse ernst nehmen, selbst wenn ich dadurch jemand anderem einen Wunsch abschlagen muss. In meinem Beispiel mit dem verpassten Kinobesuch (siehe Seite 39) heißt das: Zu meiner Müdigkeit und Unlust ins Kino zu gehen, muss ich stehen können und die Verantwortung dafür übernehmen. Ich habe, anstatt meinem Mann einen Wunsch zu erfüllen, in diesem Moment für mich gesorgt.

In der Übung symbolisieren wir dieses Übernehmen von Verantwortung dadurch, dass wir auf dem einen Fuß stehen, auf den wir „Ich steh dazu" geschrieben haben. Der andere Fußabdruck („Ich habe versäumt ...") symbolisiert den „Schuldschuh" – und diesen ziehen wir uns nicht mehr an. Die Teilnehmenden können diesen z.B. in eine „unterste Schublade" zu Hause legen oder in den Schrank ganz hinten. So ist er zwar noch da, aber eben nicht mehr „angezogen": „Diesen Schuh ziehe ich mir nicht mehr an!"

Die Trauernden erleben in dieser Übung, dass wir, wenn wir Entscheidungen treffen, nicht wissen, ob diese sich nachher für uns positiv oder negativ auswirken. In dem Moment aber, in dem ich sie getroffen habe, habe ich es nicht besser gewusst. Weil sich eine Entscheidung später als „falsch" herausstellen kann, sind viele Menschen eher entscheidungsschwach. Entscheidungen verlangen mir ab, auch etwas Unangenehmes für mich oder den Anderen zu tun. Da aber jeden Moment mir, oder den Menschen, die mir wichtig sind, etwas zustoßen kann, sollte ich darauf bedacht sein, sehr bewusst und verantwortlich mit den Entscheidungen umzugehen: Ich werde es nicht immer gleichzeitig mir und dem Anderen recht machen können. Es gibt bei der Entscheidung immer ein „Ja" und ein „Dagegen". Deshalb

Schuldgefühle

Ich weiß, ich hätte .... sollen,
habe es aber nicht gemacht

Beziehung zu sich selbst
(Inneres Team, Kritiker)

- Was habe ich anstatt gemacht?
- Warum habe ich das so gemacht?

Integration: Es tut mir leid und
Ich steh' dazu, zu meiner
Entscheidung

Ich übernehme die Verantwortung

Schaubild „Schuldgefühle" (Zeichnung: Renata Bauer-Mehren).

habe ich aus meiner Geschichte gelernt: Ich will den mir nahestehenden Menschen öfter sagen, wie wichtig sie mir sind und es ihnen auch zeigen. Trotzdem kann ich meine Entscheidungen im Zusammenhang mit einem anderen Menschen nicht nur so treffen, dass es für den Anderen gut ist. Die Angst, dem Anderen weh zu tun oder mir seine Zuneigung durch mein Handeln zu nehmen, ist ein häufiger Handlungsimpuls, der nicht befriedigend ist – ich tue so oder so jemandem weh: dir oder mir.

Ich weiß heute, dass ich es nicht allen recht machen kann. Aber mit meiner Erfahrung und der Bewusstheit der Endlichkeit ist mir klar geworden, dass ich Entscheidungen bewusster treffen soll. „Liebe deinen Nächsten wie dich selbst" bedeutet: liebe *auch* dich selbst. Beziehungsweise noch besser: erst, wenn du dich selbst lieben kannst, kannst du auch den anderen lieben!

4. Stabilisierung – Wege zu sich selbst

Religion und Spiritualität

„Sag, Heinrich, wie hältst du's mit der Religion?"
fragt Gretchen in Goethes Faust, als sie vorsichtig nach Heinrichs Glauben fragt, bevor sie sich mit ihm einlassen kann.

Der Glaube an einen über allem stehenden Gott kann bestimmen, wie ein Mensch zum Leben mit allen dazugehörenden Erschwernissen steht: „Dein Wille geschehe" ist die Unterwerfung des Menschen in sein Schicksal, in das, was er nicht bestimmt. Er kann es hinnehmen, was immer ihm auch widerfährt. Der Glaube daran, dass es jemanden gibt, der mich bestimmt – und das zu meinem Besten –, kann mein Hinterfragen, mein Unglück dergestalt umwandeln, dass ich mich dem Schweren in meinem Leben unterwerfe und es als eine besondere Prüfung anerkenne. Im Glauben, dass Gott schon weiß, warum mir das jetzt zustößt und wozu das für mich gut ist, kann ich das leichter annehmen.

Als mein kleiner Sohn Johannes zehn Minuten nach seiner Geburt starb und ich verzweifelt seine letzten Lebenszeichen wahrnahm, war ich überzeugt, dass Gott mich bestrafen würde. Schließlich hatte ich mich, noch mit meinem ersten Mann verheiratet, mit einem anderen Mann eingelassen. Das ist nach christlichem Glaube eine Sünde, die Gott bestrafen würde – und das war mir klar: Ich hatte ein Unrecht begangen, und nun wurde ich bestraft. Und Johannes? Warum wurde denn er bestraft, dass er nicht ins Leben kommen durfte? Das heißt, ich war doppelt bestraft, einmal wurde mir mein Kind genommen und meinem Kind das Leben, das heißt, ich war schuld daran, dass Johannes nicht leben durfte. Kann ein Gott wirklich so sein?

Verwaiste Eltern kommen häufig ins Zweifeln: Kann Gott wirklich das Leben von Kindern nehmen, kann er sich so als „liebender Gott" zeigen? Trauernde Menschen, die gläubig waren, kommen beim Tod eines ihnen sehr nahe stehenden Menschen häufig ins Zweifeln, ob es wirklich jemanden gibt, der die Dinge unseres Lebens auf diese Weise bestimmt. Glauben und Religion in Zeiten der Trauer zeigt: Wie gefestigt kann ein Mensch glauben, dass ein Gott den Schmerz und die Not zulassen kann, obwohl er doch seine Kinder liebt?

Zweifel an einer göttlichen Fügung, Abkehr von einem Gottesglauben sind häufig die Folge von schweren Verlusten. Auch Krankheiten mit heftigen Schmerzerfahrungen bringen die Leidenden in ein Hinterfragen, ob und wer da hinter diesen auferlegten Tragödien steckt. Kann ein Gott so grausam sein?

Wenn Menschen klaglos alle Schwernisse auf sich nehmen und glauben, dass dahinter ein Sinn versteckt ist, den sie nicht sehen und verstehen können, dann ist ihnen geholfen. Sie nehmen alles in Kauf und vertrauen auf die göttliche Weisheit.

Menschen, die es schwer haben, an diese göttliche Weisheit zu glauben, trauern anders. Sie verzweifeln, zweifeln am Sinn des Lebens. Ihnen gelingt es nicht, anzuerkennen, was ist und am wenigsten wollen sie an ein göttliches Wesen glauben.

Das, was ich als trauernder Mensch erkenne, ist, dass es doch etwas zwischen Himmel und Erde gibt, das ich nicht erfassen kann. In der **Spiritualität** stellen sich Fragen nach dem Lebenssinn, nach der Verbundenheit mit dem Großen und Ganzen: das Jenseits-Denken, das Denken der Unendlichkeit, der Transzendenz. In der östlichen Tradition bedeutet das „innerste Wahrheit". Wir sind bestrebt, in den vordergründigen Dingen der Welt ein tieferes Sein zu entdecken und uns dazugehörig zu fühlen, verbunden zu sein mit der Natur, dem Universum. Spiritualität ist „ein Erkennen, dass hinter dem Grund unserer Wirklichkeit ein immaterielles Wirken ist, ein vernetztes Zusammenspiel, ein geistiges Prinzip, das Materie und Leben erst hervorbringt" erklärt Leonardo Boff in seiner Rede zur Verleihung des Alternativen Nobelpreises.

Die Schweizer Psychologin und Theologin Monika Renz, die in St. Gallen die Abteilung Psychoonkologie des Kantonsspitals leitet, erklärte in einem Vortrag „Spiritualität" einmal so: „Spiritualität ist Beziehungsgeschehen, das einem widerfährt als etwas, das einem spüren lässt, dass „es mehr gibt als mich selbst." Spiritualität ist Berührung mit einer andersartigen Realität, zu der ich Ja sagen kann oder Nein.

Der Dalai Lama erkennt in jedem Menschen eine Grundspiritualität, nämlich in seiner Güte, dem Mitgefühl, der Freundlichkeit und in einer liebevollen Zuwendung.

Der Begriff Spiritualität kommt aus dem Lateinischen „spiritus" und heißt zunächst „Geist, Hauch, Atem". Erst wenn ich atme, lebe ich als all-einiges Wesen, und im Sterben hauche ich meinen letzten Atem aus. Gott hauchte dem Adam den Lebens-Odem ein. So ist auch der Wind ein lebendiges Zeichen für Leben, für Bewegung.

Hier braucht es für die Trauernden besondere Wegbegleiterinnen und Begleiter, die helfen, den Tod und das Leben als zusammengehörig wahr zu nehmen. Sich darauf einzulassen, dass wir als Menschen nicht wissen, welchen Sinn dieses schicksalhafte Ereignis gerade hat und darauf zu vertrauen, dass es etwas ist, das sich mir vielleicht später eröffnet oder das einem auch verschlossen bleibt und uns dennoch in unserer Entwicklung weiterbringt.

In dem Moment, als mein Sohn starb, und als mir bewusst wurde, dass auch mein Mann an meiner Seite nicht mehr real bei mir sein würde, wurde ich tatsächlich genötigt, mir klar zu werden, wie mein Lebensweg weitergehen sollte und könnte. Nach der Zeit der Verzweiflung und des Nicht-mehr-Wollens habe ich es doch geschafft, die Herausforderung anzunehmen und mich zu wappnen, um nicht unterzugehen. So wünsche ich allen, die sich in ihrem Glauben nicht mehr aufgehoben fühlen, eine spirituelle Kraft, eine, die nicht nur kindlich gottesgläubig ist, sondern selbstbestimmt sich verbunden fühlt mit dem großen Ganzen, dem Transzendenten.

Am prägnantesten habe ich die Deutung von Schicksalsschlägen wohl bei einem Vortrag des Philosophen und Therapeuten Norbert Copray gehört: Der Tod eines geliebten Menschen ist „…die dramatischste Nötigung zu hinterfragen, wer wir sind, was unser Lebenssinn ist und wohin unser Lebensweg geht."

Übungen und Methoden: Abschied nehmen – ein Ritual

Im deutschen Sprachgebrauch haben wir zwei Worte: Abschied und Nehmen. Im Moment des Abschieds wissen wir nicht, dass wir auch etwas nehmen dürfen. Wir sind nur beschäftigt mit Abschied, dem Scheiden, sich trennen, das heißt, wir müssen ab-geben, weg-geben. Die Hände, die gerade noch miteinander verbunden sind, lösen sich und noch spüre ich die andere Hand in meiner – jetzt ist keine körperliche Berührung mehr spürbar, und ich bemerke: Ich habe jetzt die Hand frei. Sie kann etwas Neues aufnehmen! Aber erst dann, wenn ich wirklich losgelassen habe, wenn ich wirklich dem Anderen sein Los überlasse und mein Los annehme.

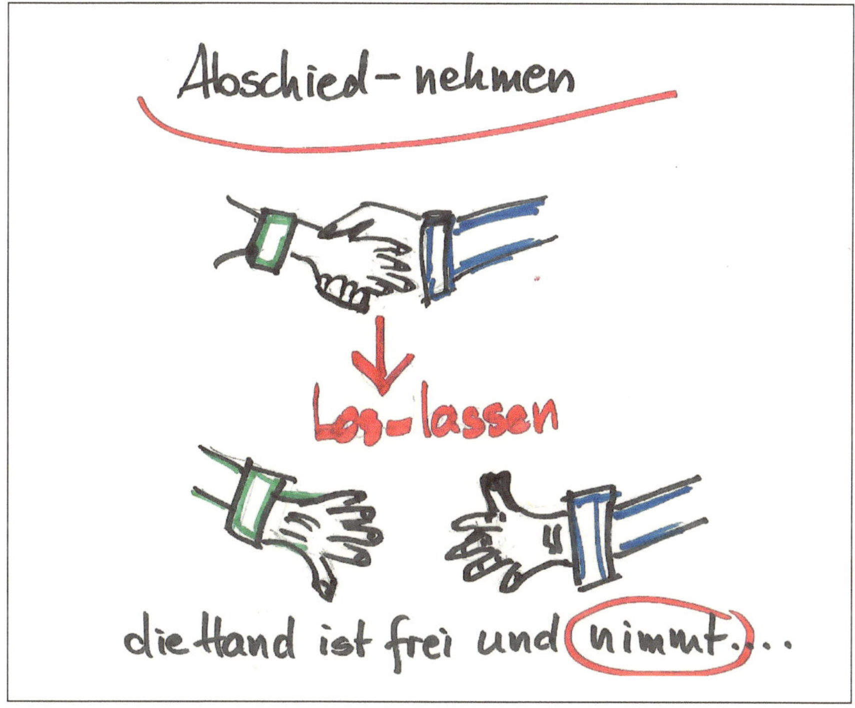

„Abschied nehmen" – Abschied-nehmen ist ein wunderbarer Begriff: wenn ich etwas nehmen möchte, muss ich manchmal auch erst etwas loslassen. (Zeichnung: Renata Bauer-Mehren)

Im Ritual schreibe ich auf eine ovale Plankarte, die ich Medaillon nenne, alles, wovon ich mich hier und jetzt verabschiede. Z.B. „Ich verabschiede mich jetzt von dem Plan, mit dir nach Italien in den Urlaub zu fahren", oder „Ich verabschiede mich davon, dass du, wenn du heimkommst, mich mit ‚Hey Mum' begrüßt", oder: „Ich verabschiede mich von der Idee, mit dir alt zu werden" und so weiter ...

Diese beschriftete Karte lege ich sehr bewusst ab, ich spüre, wie ich das Beschriebene nicht mehr real erleben werde.

Jetzt kommt die zweite Seite ins Spiel, das Nehmen: Im Ritual stelle ich jetzt eine Schale mit Sonnenblumenkernen in die Mitte. Aus dieser Schale darf ich nun nehmen – nicht nur ein Korn, nein, eine ganze Hand voll! Die Natur gibt reichlich – und ich kann sehen, dass in dem kleinen Korn schon alle Information für eine große Sonnenblume enthalten ist. Das ist kaum zu glauben, aber dieses kleine Korn birgt die gesamte große Sonnenblume in sich.

Es reicht aber nicht nur zu nehmen, ich sollte wissen, was ich jetzt brauche, was ich nehme: z.B. Kraft, neue Ideen, Gesundheit, Lebensfreude ... Ich wünsche mir das nicht nur, nein, ich nehme das jetzt mit Überzeugung als Samenkörner. Samenkörner, die auf dem Schreibtisch liegen bleiben, werden sich nicht entwickeln! Ich muss also etwas damit tun. Entweder esse ich sie, dann bekomme ich von innen gute Kraft, oder aber ich setze sie in die Erde und gieße und pflege sie. Das heißt, ich muss etwas tun, muss aktiv sein, darf nicht in einer Depression versinken. Ich brauche eine neue Aufgabe, um die ich mich kümmere, damit das Neue, das, was ich brauche, sich verwirklichen kann.

Die andere Seite der Medaillon-Karte beschrifte ich nun mit den Gedanken, mit denen ich die Samen genommen habe. So hat mein Verlust auch zwei Seiten: die Trauer und die Freude. Ich darf und kann etwas bekommen, wenn ich es nehme und dafür sorge. Die Trauer darf sich also umwandeln, aber sie wird immer dabei sein – bei aller Freude. Eben wie die zwei Seiten einer Medaille, wie die beiden Pole unseres Lebens: es gibt zu allem, was ist, auch einen Gegenpart: Tag und Nacht, Sonne und Regen, Freude und Leid.

Meine Beziehung zu Hans kann und wird nicht verschwinden, sie gehört zu mir und dem Teil des Lebens, in dem ich real mit ihm verbunden war.

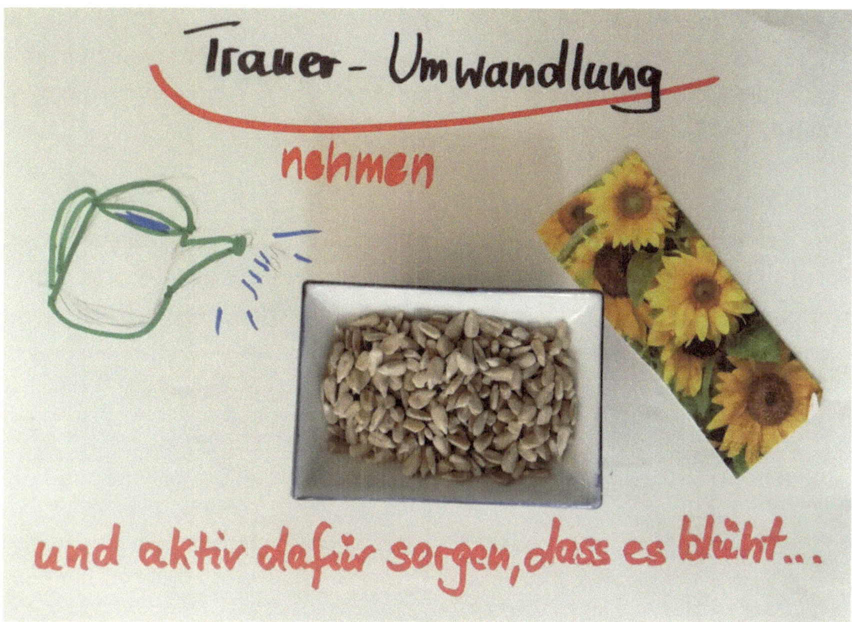

In meinen Seminaren verteile ich immer Sonnenblumenkerne: Die Teilnehmerinnen und Teilnehmer können sie gleich essen und so ein wenig Kraft tanken, oder sie können sie mitnehmen und irgendwo einpflanzen. Beides führt zu einer Umwandlung von Energie. (Schaubild: Renata Bauer-Mehren)

Auch meine anderen Beziehungen und Freundschaften mit Männern und Frauen gehören zu mir und machen mich in meiner Persönlichkeit aus. Wie sollte das durch ein Weggehen, durch Tod plötzlich so viel anders sein? Ich habe durch alle gelernt, mich weiter entwickelt und sie als Erinnerungen in mir gespeichert. Begegnungen sind immer Wechselwirkungen, das heißt, wenn ich jemandem begegne, beziehen wir uns auf einander und können Energien, Gedanken, Berührungen austauschen. Wenn wir uns verabschieden, bleiben diese Eindrücke mehr oder weniger stark bei mir. Wenn der Tod eine endgültige Verabschiedung notwendig macht, heißt das, dass ich mich äußerlich trennen muss, eine innere Trennung braucht es aber nicht: Ich nehme alles aus unserer Begegnung mit in mein Gedächtnis, in mein Herz und in meinen Geist, und löse mich von dem Gedanken, es anders haben zu wollen. Es geht hier ums **Los-lassen,** was nicht heißt: ich lasse dich fallen, also los, sondern ich lasse dir dein Los und nehme mein Los an: das Alleine-Sein. Ich lasse es zu, dass du nicht mehr körperlich da bist, ich lasse mich auf die neue Situation ein, und ich verlasse mich auf meinen Weg, auf das, was vor mir liegt – und die Gewissheit, dass du in einer anderen Seinsform bei mir bist. Ich ent-lasse dich dorthin.

„Dem Gehenden schiebt sich der Weg unter die Füße“, so sagt Martin Walser. Ich mag diesen Satz sehr. Er zeigt, dass ich nicht stagnieren, stehen bleiben soll, sondern dass mir meine Zukunft im Weitergehen entgegen kommt.

Ich habe längst gelernt, mich nicht auf eine Idee zu fixieren, wie etwas zu sein hat. Ich habe gelernt, die Gegebenheiten auch in den Veränderungen anzunehmen. Alles entwickelt sich und ist einem ständigen Prozess unterworfen. Das Vertrauen ins Leben braucht es, um wieder stabil zu sein und nicht bei kleinsten Anwürfen umzufallen.

Lösungsfallen und Lösungsblockaden – Die „Big Five“ nach Michael Bohne

Der renommierte Arzt und Psychotherapeut Michael Bohne spricht in seinen umfangreichen Publikationen immer wieder von Lösungsfallen. Das sind Situationen, in denen Menschen in eine falsche Richtung laufen, um ein Problem zu lösen. Der Klassiker ist: man läuft vor einem Problem davon. Es gibt aber noch viel subtilere Fallen, in die man sich hineinmanövrieren kann. Sie verhindern die Lösung eines Problems eher, auch wenn man meint, durch ein bestimmtes Verhalten ein Problem lösen zu können. Dazu gehört: Hadern mit sich selbst oder der Situation, oder zu hohe Erwartungshaltungen an sich selbst oder andere. Insgesamt hat Michael Bohne fünf solcher „Fallen“ oder Lösungs-Blockaden beschrieben (Bohne 2010):

1. Selbstzweifel: ich bin schuld, ich habe etwas versäumt – ich bin schlecht.
2. Opferhaltung: ich bin dem Schicksal ausgeliefert – ich bin ein armes Schwein.
3. Erwartungshaltung: du bist es schuld, dass es mir schlecht geht – du musst für mich sorgen!
4. Inneres Schrumpfen: die Kindheit kommt wieder und verhindert ein erwachsenes Handeln – ich bin doch (noch) so klein und schwach.
5. Systemische Blockade: Loyalität mit den Ahnen – ich mache es wie du, Vorfahre!

Um nicht in diese Fallen hineinzutappen, müssen wir sie uns klar machen und in Problemsituationen bedenken. So kann man Lösungsblockaden begegnen:

Um nicht in Selbstzweifel oder eine Opferhaltung zu verfallen, ist es wichtig zu sagen: Ich hadere nicht, weder mit mir selbst noch mit den Umständen und Situationen, in die ich geworfen bin.

Außerdem habe ich keine Erwartungen an Andere, auch nicht an mich. Ich kann mir etwas wünschen, aber weder kann ich es einfordern, noch erwarten, denn zu viele Erwartungen schwächen die eigene Handlungsfähigkeit und Kraft, Erwartungen an Andere verhindern eigene Aktivität.

„Das innere Schrumpfen“ und die systemische Falle sind besonders schwer zu erkennen und zu durchdringen. **Das innere Schrumpfen** wird hervorgerufen durch Situationen, die mich in meine Kindheit zurück versetzen: Wenn heute mein Chef die Augenbrauen hochzieht und ich befürchte, dass er mich gleich tadeln wird, so „schrumpfe" ich möglicherweise in mein fünfjähriges Alter Ego, als der Onkel, nennen wir ihn „Paul", mich tadelte, weil ich etwas ausgefressen hatte. Er zog wie der Chef die Augenbrauen hoch. Vor lauter mich-als-Fünfjähriger-Fühlen schaffe ich es nicht, dem Chef auf Augenhöhe zu begegnen.

Die letzte Falle ist eine **systemische**, das bedeutet: Wir sind loyal mit unseren Vorfahren, unseren Ahnen, wissen es aber oft gar nicht. Unbewusst haben wir Muster oder Aufträge übernommen und handeln danach. Das heißt, die systemische Familienstruktur beeinflusst uns nachhaltig, umso stärker, je weniger wir uns dessen bewusst sind. Onkel Paul sprach nie über seine verstorbene Frau, also vermeide ich es aus unbewusster Loyalität auch – obwohl ich gerne einmal etwas über sie wissen würde. Und auch später, wenn ich selber das Bedürfnis habe, über „etwas Trauriges" zu sprechen, tue ich es immer noch nicht.

Michael Bohne nennt diese fünf Lösungs-Blockaden auch die „Big Five", die großen Fünf. Das heißt augenzwinkernd, dass ich alles „im Kasten" habe, wenn ich bei allen fünf Blockaden dabei bin! Die meisten Menschen, die ich bisher begleitet und damit konfrontiert habe, sind sich selbst auf die Spur gekommen und konnten ihr Verhalten auf diese Blockaden hin hinterfragen. Das ist eine gute Methode, sein Leben eigenverantwortlich in die Hand zu nehmen. Wenn ich die Fallen kenne, tappe ich nicht in sie hinein.

Leben ereignet sich im Hier und Jetzt, also in der Gegenwart. Da bin ich ganz präsent und übernehme für alles Denken, Handeln und Fühlen die Verantwortung. Ich bin eigenständig, nicht abhängig, aber eingebunden in größere Bezüge: in Umwelt, Klima, energetische Strömungen. Ich mache mich auf den Weg mit all meinen Erfahrungen und Eindrücken, Erlebnissen, ohne zu wissen, wohin mich das führt. Wichtig ist nur, dass ich im Hier und Jetzt lebe, nicht in einer Zukunft, die ich noch nicht sehen kann oder in einer Vergangenheit, die es so nicht mehr gibt. Ich übernehme die volle Verantwortung für meine Handlungen und Denkvorgänge und versöhne mich mit dem, was war. Es gibt eine Befriedung, einen Frieden, eine Zufriedenheit, wenn ich mich mit allem aussöhne, auch mit dem, was mir nicht gefällt oder was mir entgegensteht. Das Erkennen meiner tiefsten Bedürfnisse führt mich zu einem Nachnähren, zu einer eigenen Verantwortung dafür.

In dieser Skulptur des „Agamemnon", die ich bei einem Kreativ-Seminar im Hochgebirge aus dem Stein gehauen habe, sind die zwei Seiten des Seins zu sehen (Foto: A. Hessler)

5. Power durch Trauer

„Es liegt allein bei mir um recht beglückt zu sein." – Theorie zum geglückten Leben

„Es liegt allein bei mir um recht beglückt zu sein." – Dieser Satz von J.W. Goethe hat mir schon immer gefallen. Wenn mir etwas gelingt, das ich mir gewünscht oder vorgenommen habe, dann kann ich mich glücklich schätzen. Wenn etwas nicht gelingt, gehört das zu einer neuen Erkenntnis, und ich kann auch den Misserfolg wert schätzen: etwas stimmt noch nicht, oder die Zeit ist dafür noch nicht reif. Es gibt also immer das Ausbalancieren zwischen den Gegensätzen, den Polaritäten. Das heißt nicht, dass immer alles, was ich tue, erfolgreich sein muss. Ich kann auch ohne Erfolg glücklich sein.

„Ich habe Erfolg gehabt" zu sagen ist vielleicht weit weniger stark, als feststellen zu können: „Mir ist etwas gelungen". Denn beim Gelingen schwingt eine höhere Macht mit, und es gehört mehr dazu als mein reiner Wille, als meine Persönlichkeit oder meine Kraft. Da muss auch die Zeit passen, das Schicksal, und es muss ein höheres Einverständnis stattfinden. Ich war schon als kleines Kind überzeugt davon, dass es um uns herum eine Art metaphysische Kraft gibt, eine Macht, die mit uns mitschwingt, die mich in den schweren Zeiten meines Lebens trägt. Diese Erkenntnis macht mich dankbar, denn sie zeigt mir immer wieder, wie ich in ein größeres Ganzes eingebunden bin. Sie hilft mir auch zu akzeptieren, dass Dinge sind, wie sie sind. Ich denke, darin liegt auch der Schlüssel dafür, dass mir mein Leben gelungen ist, gleichwohl mir etwas vom Schicksal „aufgebürdet" wurde: weite Strecken meines Lebens ganz allein durchstehen zu müssen.

In der Trauerarbeit, in den Weiterbildungen und Seminaren habe ich oft die Rückmeldungen bekommen, wie wichtig es ist, sich über sich selbst klar zu sein, und darüber, wo im Leben ich meinen Platz sehe. Und immer wieder anzuerkennen: das Leben besteht darin, Entscheidungen treffen zu müssen. Entscheidungen bedeuten immer, sich von etwas verabschieden zu müssen – entscheide ich mich für das eine, bleibt das andere außen vor. Und manchmal werden Entscheidungen über mich von jemand anderem oder gar dem Schicksal getroffen. Aber immer führt das dazu, dass das Leben beständig mit Trauer unterlegt ist.

Das heißt: Trauerarbeit braucht es nicht nur, wenn ein geliebter, naher Mensch stirbt. Trauer ist dem Menschen immanent, das heißt Trauer ist immer da, vom ersten Augenblick an. Genau deshalb bin ich lebendig.

Teil 3: Fazit: Abschied von der Machbarkeit

15 Grundsätze der Trauerarbeit

Wenn wir uns nun also von der „Machbarkeit" verabschieden und aktiv unsere Trauer darüber in unser Leben integrieren wollen, dann können wir uns einige Grundsätze zur Trauerarbeit bewusst machen.

Die Trauerarbeit, so wie ich sie verstehe und lehre hat folgende Grundsätze:

1. Ich brauche Selbsterfahrung, Selbstreflexion und Einsicht in meine Persönlichkeit.
2. Kognitives Wissen allein reicht nicht. Ich muss dem Fühlen und Spüren (Bauchgefühl) vertrauen.
3. Selbstbestimmung hat da die Grenze, wo ich an die Grenzen eines anderen Menschen stoße. Beziehung ist eine Wechselwirkung, ich kann sie nicht bestimmen, aber darüber verhandeln.
4. Ich muss die Trauer willkommen heißen, sie als Reinigungsprozess der Seele ansehen.
5. Angst ist immer ein Begleiter, aber sie darf nicht dominieren.
6. Lebendig-sein heißt: im Fluss sein, sich bewegen, und vor allem: bewegt sein.
7. Freude und Trauer gehören zusammen.
8. Die Erfüllung von Autonomie (Selbstbestimmung) geht nur durch Verhandeln mit dem Beziehungspartner, denn seine Autonomie will auch gewahrt sein!
9. Zu „Fehlern" im Sinne von „Versäumnissen" stehen lernen.
10. Resilienz (mit schwierigen Situationen umgehen können) durch Imaginationen und Visionen stärken.
11. Kreativität als Ausdruck der seelischen Befindlichkeiten ausbilden.
12. Von den Kindern lernen.
13. Sich als ein Teil der Natur begreifen.
14. Das Gute im Schlechten finden, das Schlechte im Guten.
15. Trost heißt Treue – ich tröste nichts weg, ich bin an deiner Seite, ich bin dir treu.

Trauer und Trauerarbeit im Jahr 2020 angesichts der weltweiten Corona-Pandemie

Im Jahr 2020 wurde die Welt vom Ausbruch eines neuartigen Virus in ihren Grundfesten erschüttert. Das Corona-Virus breitete sich rasant aus und sorgte für viele Todesfälle vor allem unter älteren Männern und Menschen mit Vorerkrankungen wie Krebs oder Lungenkrankheiten. Vor allem in Norditalien starben an einzelnen Tagen fast 1.000 Menschen, u.a. weil das Gesundheitssystem komplett überlastet war – zu viele Menschen erkrankten so schwer an der Lungenkrankheit Covid-19, die das Virus verursacht, dass sie intensivmedizinische Betreuung benötigten. Und als die sogenannten Intensivbetten mit Beatmungsplätzen zu wenig für die vielen Kranken wurden, mussten manche Ärztinnen und Ärzte sogar entscheiden, wer beatmet wird und somit eine Chance auf Leben hat, und wer stirbt.

Grenzen wurden geschlossen, das öffentliche Leben durch Ausgangsbeschränkungen und Lockdown über Wochen und Monate weitgehend lahmgelegt – was zu neuen Problemen führte, etwa zur Zunahme häuslicher Gewalt oder Suiziden. Panik machte sich einerseits breit, auf der anderen Seite Unverständnis für die teils drastischen Maßnahmen, da viele Corona-Infizierte kaum bis gar keine Symptome der Krankheit Covid-19 aufwiesen.

Worüber kaum gesprochen wurde: über Tod und Sterben an sich, darüber, dass der Mensch sterblich ist, und jeden irgendwann einmal der Tod ereilen wird. In manchen Debatten mutete es so an, als gäbe es nur noch Corona als Todesursache und wenn nur vehement genug die Menschen auf Abstand („Social Distancing") gehen würden, wäre die Gefahr zu sterben gebannt. Was manch einer dabei außer Acht zu lassen schien, war die Tatsache, dass zwar durch die vielen Maßnahmen und Einschränkungen die Gefahr, an Covid-19 zu sterben statistisch ungemein verringert wurde, nicht aber der Umstand, dass jeder Mensch sterben muss.

In der Diskussion wurde hitzig darüber gestritten, ob jemand „an" oder „mit" Corona gestorben sei, und manch einer schrieb etwa in den Sozialen Medien: „Egal ob mit oder an – ohne Corona wäre niemand gestorben!"

Dass das Unsinn ist, liegt auf der Hand, denn natürlich sterben Menschen immer und zu jeder Zeit an irgendetwas. Was die Trauer im Einzelfall nicht lindert. Aber dennoch wird in der Corona-Krise und dem hier gezeigten Umgang mit Tod und Sterben besonders augenfällig: Wir haben offenbar

Tod und Sterben aus unserem Alltag so sehr verdrängt, dass wir uns naiverweise vorstellen, man könne den Tod gleich mit dem Virus eindämmen und schließlich sogar ganz und gar verbannen.

Ein weiterer Punkt, der zeigt, wie irrational Menschen mit dem Thema Tod umgehen, ist die weitgehende Verdrängung von Trauerkultur aus dem öffentlichen Bewusstsein: Es gab Vorgaben, wie viele Menschen gleichzeitig eine Beerdigung besuchen durften – aber diese Einschränkungen und die so veränderten Trauerrituale fanden keinen Eingang in den öffentlichen Diskurs. Vielmehr hatte Trauerkultur generell einfach keinen Platz mehr. Während sich viele Menschen darüber beschwerten, kein Restaurant besuchen zu dürfen, stieß die Regelung, dass Beerdigungen nicht im gewohnten Rahmen stattfinden konnten, kaum auf Widerstand. Die mediale Berichterstattung konzentrierte sich auf die Schreckensszenarien der Massenbegräbnisse in Norditalien oder in New York. Nur am Rande erfuhr die breite Öffentlichkeit, wie mit Tod und Trauer unter den so krass veränderten Rahmenbedingungen umgegangen wurde. Dabei ging es ja bei der Krise zentral um Tod und Sterben, allerdings kaum um Trauer oder gar Trauerkultur.

Das war auch Thema in unseren Fortbildungsgruppen, denen viele Hospizhelferinnen und -helfer und Menschen im Umfeld des Bestatter-Gewerbes angehören. Sie erzählten von den teilweise überaus kreativen Methoden, mit denen sie versuchten, eine Trauerkultur zu gestalten angesichts des Dilemmas, dass sich Menschen nicht physisch begegnen dürfen, auch wenn sie diese Nähe gerade besonders brauchen. So gab es Ideen wie etwa den Trauernden Dinge, Fotos und Erinnerungen virtuell zur Bestattung zukommen zu lassen, Bestattungen doppelt abzuhalten oder verstärkte Trauerbegleitung mit Videokonferenzen im Netz anzubieten.

Das Thema Trauer, Trauern, Trauerarbeit und Trauerkultur ist also aktuell wichtiger denn je und es würde ein weiteres Buch füllen, all die Ideen zusammen zu tragen, die aktuell entstehen und mit denen wir versuchen, die Trauer darüber zu lindern, dass so Vieles einfach nicht machbar ist.

Die Psychologie beschreibt die „Ohnmacht" angesichts der Pandemie als Auslöser für unangemessenes Verhalten. Entweder dominieren Hamsterkäufe und das „Hamstern" von Informationen, oder das totale Negieren der Fakten. Hierin zeigt sich deutlich: Ohn-macht ist das Gegenteil von Allmacht – kein Mensch will ohnmächtig sein und versucht deshalb, die (All) macht über sein Leben zu behalten. Hier trifft die Pandemieangst auf den

Nährboden unserer Angst zu sterben. Dabei vergessen wir: der Tod ist kein „Feind“, den es zu bekämpfen gilt. Der Tod ist schlicht das Ende des Lebens.

Unabhängig von Tod und Sterben müssen wir uns unser ganzes Leben lang verabschieden. Und zwar davon, dass wir

- in einer absoluten Sicherheit sein können
- unsere Beziehungen immer so leben können, wie wir uns das vorstellen und
- dass wir nicht alles – vielleicht sogar nur weniges – selbst bestimmen können.

Epilog: An einem Sonntag 25 Jahre später

Als ich begonnen habe, dieses Buch zu schreiben, war es einmal mehr ein Sonntag um 8 Uhr früh. Viele Sonntage sind seit diesem einen Sonntag in Terracina durchs Land gegangen. Ich habe mich natürlich verändert und weiterentwickelt. Das hätte ich ohne Zweifel auch ohne diesen Einschnitt an jenem Sonntag vor 25 Jahren. Wer weiß, wie mein Leben verlaufen wäre, wenn Hans damals nicht in den Wellen untergetaucht wäre, wenn er noch länger da geblieben wäre – wäre es ein erfüllteres, besseres Leben gewesen?

Ich kann diese Frage nicht beantworten. Was ich weiß: ich lebe ein sehr erfülltes, gutes Leben. Ich fühle mich mit mittlerweile fast 75 Jahren kraftvoll und mitten im Leben. Obwohl – oder gerade weil – mein Leben ganz viel mit Tod und Trauer zu tun hat. Ich bin mit meiner Geschichte ausgesöhnt. Ich habe den Tod aktiv in mein Leben integriert. Mehr noch, er aktiviert mich jeden Tag aufs Neue: wenn ich eine neue Trauergruppe beginne, wenn Hinterbliebene in meine Sprechstunde kommen, wenn ich bei AETAS angehenden Trauerbegleitern Wichtiges auf ihren Weg mitgeben kann.

Aktiv sein heißt, das Schmerzhafte nicht vermeiden: Ich gehe an die Orte, die ich mit Hans aufgesucht habe, ich mache das, was er gerne gemacht hat, und vor allem: Ich rede ganz viel mit ihm und über ihn. Wir feiern alle Geburtstage (meinen, seinen und die der Kinder) immer auch im Andenken an ihn, an Hans, den wir in Erinnerung behalten – und dadurch auch ein Stück weit lebendig. Wir überlegen, was er wohl jetzt gesagt und getan hätte. Die Enkelkinder, so klein sie auch sind, wissen vom Großvater, dem Vater der Mama, und dass er gestorben ist und am Friedhof besucht wird. Sie kennen ihn auch von den Fotos her. Jedes Jahr zu seinem Geburtstag machen wir ein kleines Fest und essen Seezunge – Sogliole, und jeder bekommt ein kleines Geschenk, eine Blume oder eine kleine Süßigkeit. Dann sprechen wir über ihn und denken daran, wie sehr er sich über diese Enkelkinder freut – zumal von den zehn Enkeln sechs Enkel*söhne* sind, und er sich immer auch Söhne gewünscht hätte (unser gemeinsamer Sohn ist ja nach der Geburt verstorben).

Ich bin fest davon überzeugt, dass Hans mich all die Jahre unterstützt hat, denn alles ist am Ende gut ausgegangen und hat sich zum Guten entwickelt: Alle meine Töchter haben einen guten Beruf und liebe Ehemänner an der Seite. Die Enkelkinder wachsen heran und gehen ihren Weg, und ich staune immer wieder, wie viel sie schon von klein auf verstehen, wenn man sie kindgerecht mit einbezieht. Wie sie unbefangen am Grab stehen und laut Zwiesprache halten. Wie sie auch an einem Grab lachen können, und wie sie manchmal hemmungslos weinen, wenn ihnen etwas verloren geht. Die Trauer der Kinder ist anders als die der Erwachsenen, von ihnen können, sollen wir lernen.

Traudl, eine unserer Mitarbeiterinnen im MIT-Institut leitet einen Wald-Kindergarten: Es ist erstaunlich, wie sehr die Kinder das Leben im wahrsten Sinne des Wortes „begreifen". Sie kennen keine Barrieren und haben keine Ressentiments gegen tote Tiere, gegen den Schlamm oder das Thema Tod, für sie ist alles natürlich, was uns Erwachsene manchmal die Luft anhalten lässt. Sie bereiten den toten Fliegen, den Mäusen und Vögeln ein Grab im Wald und gestalten Rituale, so wie sie meinen, dass es für das tote Tier gut ist. Und dann freuen sie sich, wenn sie das Gefühl haben, etwas Sinnvolles für die Toten gemacht zu haben. Alle helfen mit, alle sind dabei berührt und verhalten sich würdevoll. Davon könnten manche Menschen lernen: Trauer und Freude gehören zusammen wie ein Geschwisterpaar, man darf sie nicht trennen.

Einen Verstorbenen in das Leben zu integrieren, ist keineswegs belastend. Das meinen manchmal die Menschen, die Angst davor haben, über Tote zu sprechen oder über den Tod. Viele Menschen finden es merkwürdig, über den Tod hinaus mit Verstorbenen in einer Verbindung zu stehen. Aber die Beziehungen zu Menschen können nicht gekappt werden, nur weil sie tot sind. Die Beziehungen gehen in einer anderen Art weiter: Der Tote ist zwar nicht körperlich anwesend, aber er lebt in uns allen fort, und es tut gut, ihn bei uns zu wissen.

Ich gehe also manchmal an Orte, die für Hans und mich von besonderer Bedeutung waren, und fühle mich ihm nah.

Nur in Terraccina bin ich bisher nie wieder gewesen … Aber eines Tages?

Vom Tode
Ihr möchtet das Geheimnis des Todes kennenlernen? Aber wie werdet ihr es finden, wenn ihr nicht im Herzen des Lebens sucht. Wenn ihr wirklich den Geist des Todes schauen wollt, öffnet eure Herzen weit dem Körper des Lebens. Denn Leben und Tod sind eins, sowie der Fluss und das Meer eins sind. Denn in der Tiefe eurer Hoffnungen und Wünsche liegt euer stilles Wissen um das Jenseits; und wie Samen, der unter dem Schnee träumt, träumt euer Herz vom Frühling. Traut euren Träumen, denn das Tor der Ewigkeit ist darin verborgen.

Khalil Gibran

Danksagung

Allen Menschen, die mich in den schweren Zeiten unterstützt haben, möchte ich mit diesem Buch danken. Das sind in erster Linie meine vier Töchter, die, als sie noch klein waren, in wunderbarer Weise geholfen haben, dass wir alle gut mit dem Verlust umgehen konnten. Wir sind dabei sehr zusammengewachsen, wahrscheinlich viel mehr, als das unter Geschwistern sonst üblich ist. Sie haben ihren Teil dazu beigetragen, dass wir in unserem Haus bleiben konnten und dass wir keine weiteren Krisen durchmachen mussten. Dabei haben sie ihre Kindheit nicht ausleben können, sondern mussten früh Verantwortung übernehmen und erwachsen werden. Auch später gab es nichts, was sie aus der Bahn geworfen hat, und alle Vier haben jetzt eigene Familien mit Kindern. So bin ich in eine andere Familienreihe gerutscht, bin Großmutter und als solche nicht mehr direkt zuständig für Alltagsprobleme.

Die meisten Freundinnen, die ich nicht namentlich alle aufzählen möchte, sind mir noch immer nah, auch wenn es keine Regelmäßigkeiten gibt, uns auszutauschen. Ich hatte das Glück, dass sie mich empathisch begleitet haben, ohne dass sie mich mit Ratschlägen oder Beschwichtigungen eingeengt hätten.

Auch meine beiden Schwestern haben mich sehr unterstützt, sie haben mir aus der Ferne immer wieder Kraft gegeben und sind eingesprungen, wenn es schwierige Fragen gab.

Besonderen Dank möchte ich den Menschen aussprechen, die es mir in meinem Beruf als Lehrerin ermöglicht haben, die Dinge auszuprobieren und zu installieren, die mir wichtig waren: Trauerarbeit und Mediation. Ich habe eine schöne Zeit an der Schule verbracht, auch wenn nicht immer alles leicht war.

Natürlich danke ich auch Jorgos Canacakis, dass er mich durch seine eigene Geschichte und seine Lehre dazu gebracht hat, die Trauer nicht nur für mich lebendig werden zu lassen, sondern auch für viele andere Menschen, die jetzt zu mir kommen.

Die ARCHE und AETAS in München sind zwei Orte, die mir besonders ans Herz gewachsen sind, sie sind so etwas wie eine Heimat für mich: ich kann dort meine Ideen und Vorstellungen in meiner Arbeit entwickeln, und ich erfahre durch die Menschen, die dort arbeiten, Anerkennung und Wohlwollen.

Nicht zuletzt danke ich Karina Kopp-Breinlinger, mit der ich gemeinsam das Münchner Institut für Trauerpädagogik (M.I.T.) aufgebaut und dabei immer wieder neue Erkenntnisse und Ideen umgesetzt habe.

Der allerwichtigste Dank geht an meine Tochter Alexandra Hessler, die mich immer wieder darin bestärkt hat, dieses Buch nicht nur zu schreiben, sondern es auch in die Öffentlichkeit zu bringen. Sie stand mir beratend und vor allem ordnend zur Seite. Ohne sie wäre das Ganze chaotisch und weniger strukturiert in Ihre Hände gekommen!

Hans Dieter Bauer-Mehren, mein Mann, der 1992 viel zu früh starb und seine Ideen und Vorstellungen vom Leben nicht mehr selbst umsetzen konnte, ist der Auslöser für meine jetzige Arbeit und für alles, was ich ohne ihn gelernt habe. Diese zwei Seiten im Leben sind mir sehr bewusst geworden: auch im Verlust kann ich etwas nehmen und bekommen. Ich bin trotz der Trauer nun einverstanden mit dem, wie es ist, und bin dankbar für alles, was mir begegnet. Es hat eben alles einen Preis, und manchmal auch einen sehr hohen.

Renata Bauer-Mehren im Frühjahr 2020

Literatur

Renata Bauer-Mehren, Anja Köstler: Der Konflikt weiß alles besser! Worldwork, Quantenphysik und Mediation. Stuttgart 2012

Renata Bauer-Mehren, Karina Kopp-Breilinger, Petra Rechenberg-Winter: Kaleidoskop der Trauer. Regensburg 2003

Michael Bohne, Matthias Ohler, Gunther Schmidt, Bernhard Trenkle: Reden reicht nicht!? Bifokal-multisensorische Interventionsstrategien für Therapie und Beratung. Heidelberg 2019

Michael Bohne: Sprache, positive Imagination und Klopfen, Einführung in die Prozess- und Embodiment-fokussierte Psychologie (PEP), DVD, Auditorium Netzwerk 2010

Michael Bohne: Bitte klopfen! Anleitung zur emotionalen Selbsthilfe. Heidelberg 2011 (2. Auflage)

Jorgos Canacakis: Ich begleite dich durch deine Trauer: Lebensfördernde Wege aus dem Trauerlabyrinth. Freiburg 1990

Jorgos Canacakis: Ich sehe deine Tränen. Trauern, Klagen, Leben können. Freiburg 1987

Norbert Copray: In Hoffnung widerstehen. Wege aus der Krise. München 1991

Norbert Copray: An Widersprüchen wachsen: Im Zwiespalt von Geld und Liebe, Moral und Ethik, Kommunikation und Internet, Geist und Ungeist. Oberursel 2015

Paula D'Arccy: Winter of the Heart: Finding Your Way through the Mystery of Grief, Notre Dame/USA 2018

Maria-Anne Gallen, Hans Neidhardt: Das Enneagramm unserer Beziehungen. Verwicklungen, Wechselwirkungen, Entwicklungen. Hamburg 1994

TH Holmes, RH Rahe: The Social Readjustment Rating Scale. Journal of Psychosomatic Research. 11/19667: pp. 213–218.

Roland Kachler: Hypnosystemische Trauerbegleitung. Ein Leitfaden für die Praxis. Heidelberg 2017

Roland Kachler: Nachholende Trauerarbeit. Hypnosystemische Beratung und Psychotherapie bei frühen Verlusten. Heidelberg 2018

Verena Kast: Trauern. Phasen und Chancen des psychischen Prozesses. Marburg 1985

Verena Kast: Was wirklich zählt ist das gelebte Leben. Die Kraft des Lebensrückblicks. Freiburg 2010

Alexander und Margarete Mitscherlich: Die Unfähigkeit zu trauern: Grundlagen kollektiven Verhaltens. München 1980

Claudio Naranjo: Gestalt. Präsenz, Gewahrsein, Verantwortung. Grundhaltung und Praxis einer lebendigen Therapie. Freiamt 1996

Hilarion G. Petzold (Hg.): Identität: Ein Kernthema moderner Psychotherapie. Integrative Modelle in Psychotherapie, Supervision und Beratung. Wiesbaden 2012

Marianne Pletscher: Mein Schmerz ist auch dein Schmerz. Dokumentarfilm von 2011

Florian Rauch, Nicole Rinder: Das letzte Fest – Neue Wege und heilsame Rituale in der Zeit der Trauer. München 2012

Monika Renz: Hinübergehen. Was beim Sterben geschieht. Annäherungen an letzte Wahrheiten unseres Lebens. Freiburg 2018

Bernd Roedel: Die Praxis der Genogrammarbeit. Die Kunst des banalen Fragens. 7. Auflage Dortmund 2014

Richard Rohr, Andreas Ebert: Das Enneagramm. Die neun Gesichter der Seele. München 1989

Marshall Rosenberg: Gewaltfreie Kommunikation: Eine Sprache des Lebens. 11. Auflage Paderborn 2013

Hilfreiche Adressen

AETAS – Lebens- und Trauerkultur
Baldurstraße 39, 80638 München
Telefon: +49 89 - 15 92 76 0
Mail: info@aetas.de
www.aetas.de

DIE ARCHE – Suizidprävention und Hilfe in Lebenskrisen e.V.
Saarstraße 5, 80797 München
Telefon: +49 89 – 33 40 41
Mail: info@die-arche.de
www.die-arche.de

Mitten im Leben – Hilfe für Hinterbliebene nach Suizid
Niemöllerallee 4, 81739 München
Telefon: +49 89 – 22 84 16 06
Mail: mitten.im.leben@gmx.de
www.mittenimleben.eu

M.I.T. – Münchner Institut für Trauerpädagogik
Grabmannstraße 19, 81476 München
Telefon: +49 89 – 74 54 81 20
Mail: info@mit-institut.de
www.mit-institut.de

Bundesverband Trauerbegleitung e.V.
c/o Marianne Bevier
Kolpingstraße 6, 68165 Mannheim
Mail: info@bv-trauerbegleitung.de
www.bv-trauerbegleitung.de